风险减量管理与保险实践

郭 清 ◎ 主编

中国金融出版社

责任编辑：王雪珂
责任校对：潘　洁
责任印制：陈晓川

图书在版编目（CIP）数据

风险减量管理与保险实践/郭清主编．—北京：中国金融出版社，2022.12

ISBN 978 – 7 – 5220 – 1513 – 2

Ⅰ．①风…　Ⅱ．①郭…　Ⅲ．①保险—风险管理　Ⅳ．①F840.32

中国国家版本馆 CIP 数据核字（2022）第 026158 号

风险减量管理与保险实践
FENGXIAN JIANLIANG GUANLI YU BAOXIAN SHIJIAN

出版
发行　中国金融出版社
社址　北京市丰台区益泽路 2 号
市场开发部　（010）66024766，63805472，63439533（传真）
网 上 书 店　www.cfph.cn
　　　　　　（010）66024766，63372837（传真）
读者服务部　（010）66070833，62568380
邮编　100071
经销　新华书店
印刷　保利达印务有限公司
尺寸　169 毫米 × 239 毫米
印张　13.75
字数　220 千
版次　2022 年 12 月第 1 版
印次　2022 年 12 月第 1 次印刷
定价　52.00 元
ISBN 978 – 7 – 5220 – 1513 – 2
如出现印装错误本社负责调换　联系电话（010）63263947

《风险减量管理与保险实践》编委会

主编：郭　清

编委：何　飞　　宁文鑫　　薛静雅
　　　金　陆　　李吉平　　李　娜
　　　樊治平　　顾炜宇　　刘文超
　　　盛剑峰　　马　恒　　董利锦
　　　孔繁强　　郭霁瑶　　许　浒
　　　许立阳　　张　磊　　鞠文汇
　　　葛立元　　段彦炜　　徐仁军
　　　侯　卉　　柴　玫　　李　腾
　　　刘　璐　　雷燕飞　　闫　超

审校：王泽温

序

近年来，极端灾害事件日趋增多，人民生命和财产受到的威胁日益增大。2016年7月28日习近平总书记在赴河北唐山市调研考察时强调"要坚持以防为主、防抗救相结合，坚持常态减灾和非常态救灾相统一，努力实现从注重灾后救助向注重灾前预防转变，从应对单一灾种向综合减灾转变，从减少灾害损失向减轻灾害风险转变。"

中国人保集团罗熹董事长提出了"承保＋减损＋赋能＋理赔"的新逻辑，其中"减损涉及一系列的社会服务问题，赋能涉及我们对投保人的支持问题"。保险公司作为经营和管理风险的企业可以更主动作为，从简单的"险后补偿"转向"险中响应""险前预警"，构建风险减量管理新模式，提升全社会的综合风险防范能力。

风险减量管理模式能够更好地满足客户需求、增强客户黏性、促进业务发展，推动从提供"保险产品"转向提供"一揽子风险解决方案"，从依靠"产品盈利"转向依靠"服务盈利"，从"碎片化的服务"转向"全生命周期的服务"，从"价格经营"转向"价值经营"。

保险已成为现代经济的重要产业和风险管理的基本手段，其发展水平是社会文明水平、经济发达程度、社会治理能力的重要标志。经济越发展，社会越进步，保险越重要。风险管理因时代进步而发展，保险作为风险管理的专业化行业，也随着社会经济需求的变化而与时俱进。长久以来，保险主要作为一种财务型的风险分担机制，发挥经济补偿职能。随着社会人口和财富的增长以及新风险因素的不断涌现，人们对风险防范和减灾减损的需求越来越大、越来越迫切，保险需要突破传统的经济补偿功能思维模式，创新发展基于风险减量的商业模式。

保险的风险减量管理通过跨界和创新使传统保险突破经济补偿功能，在更广领域、更深层次发挥社会管理功能。经济社会风险管理需求的变化，驱动着保险发展风险减量管理模式。

首先，在宏观层面，风险累积巨大，需要风险减量管理。当前，我们面临的各类风险呈几何级别增长，新中国成立以来的风险累积已超过之前数百年的总和。随着温室效应的增强，极端恶劣天气出现的频率和强度不断增大，对于现代化企业，自然灾害这样的传统风险较之以前更加巨大。除此之外，工业化进程加剧了各类安全事故的风险累积；社会转型产生了许多新的社会矛盾；环境风险、食品安全、恐怖主义等社会不稳定因素也在急剧增加。

其次，在微观层面，企业和个人对保险开展风险减量管理的需求也十分迫切。传统的保险经济补偿功能无法弥补人们在生命、健康、心理等方面的损失，灾害导致的企业停产、商誉受损、股价下跌、市场竞争力下降等负面影响也难以通过经济补偿化解。被保险人本质上的风险管理需求是防范灾害事故的发生，即"防胜于赔"。

最后，随着保险业的市场化改革，竞争差异化也要求保险公司提供更加丰富、更有价值的服务。客观上来看，这些都需要保险业发展风险减量管理模式。

保险业发展风险减量管理模式有天然基础和新技术契机。保险经营管理中，防灾防损作为重要的业务环节，发挥着降低出险概率、减少灾害损失的作用。保险公司利用积累的大量数据和经验，对各行业的微观风险、新兴风险有了更专业的理解认识，更易提出专业的对策，进而对火灾、水灾、交通事故等风险进行大数据分析，研发出一系列风险减量技术和方案，这些都是保险业开展风险减量管理的基础。

保险公司可以基于传统的防灾防损技术，创新发展全流程、全产品线的风险减量管理模式，将风险减量管理理念落实到经营管理的每个细节、要素中。同时，新科技的发展为风险管理升级提供了无限上升空间和强大支撑。互联网（移动互联、物联网、车联网）、大数据、空间信息、无损检测等新技术使风险控制措施的成本大幅下降，效率、效益极大提升，应用领域不断拓展。尤其是"互联网+传统减灾技术"为开展风险减量管理的商业模式创新提供了更多动力。

十九届五中全会开启了全面建设社会主义现代化国家新征程，国内、国际双循环新发展格局加快构建，科技自立自强成为国家发展的战略支撑，科技创新、供给升级将重塑保险行业价值链、产业链，这对保险行业生态和竞争格局产生深远影响。面对新形势、新变化，集团确立了"卓越保险战略"，开启建设具有卓越风险管理能力的全球一流金融保险集团新征程。

中国人保财险以此为契机，围绕"聚焦主业、追求一流、注重能力、综合服务"，加快变革创新，构筑新发展格局，对标全球一流财险公司目标进行高质量发展。落实集团"提升财险创新驱动的市场优势、打造全面风险管理服务平台、建立数字化支撑的发展基础"要求，加快构建新时代战略布局，推进公司数字化转型，拓展发展新空间，提升资源使用效能。具体来说，构建新时代战略布局，就是整合创新，依托集团风险管理产业布局，构建风险管理服务平台。

一是科技赋能，助力保险风险减量管理必将成为新的潮流，带动保险业的新发展，铸就风险管理的新模式，营造社会的新景象。

二是满足人民日益增长的美好生活需要的必然要求。客户需求正发生转变，风险减量管理需要从损失经济补偿向损失预防控制转变。随着社会财富和人口聚集，客户对于防范灾害事故发生更加看重，因为人的生命、健康、心理损失及企业停业、声誉、市场竞争力等损失都是保险难以补偿的，"防重于赔"的重要性愈加凸显，也与"人民有期盼，保险有温度"的发展思想高度吻合。

三是保险参与社会治理解决政府治理难题的必然要求。项目涉及领域包括重大灾害、城市内涝、安全生产、特种设备、交通安全等政府关注领域,能够降低灾害事故风险、提升社会治理能力。

四是融入数字化时代保险跨界竞争大势的必然要求。要把数字化作为优化商业模式的灵魂,以提高运营效率、优化客户体验作为出发点和落脚点,引入物联网、人工智能、5G等新技术,赋能风险减量管理,不断培育和增强风险管理和服务能力,进而赢得在跨界竞争价值链的话语权和主动权。

限于水平与时间,书中错漏与不足之处,敬请读者批评指正,联系邮箱 guoqing45666@qq.com。

《风险减量管理与保险实践》编委会
2022 年 6 月于北京

前　言

人类社会一开始，人们就面临水灾、火灾、风灾等自然灾害风险，风险带来的沉痛教训使人们开始研究各种风险管理措施，保险就是因风险而诞生的产品。我国是世界上自然灾害种类最多的国家，也是遭受灾害最严重的国家。

据中华人民共和国应急管理部公布的数据：我国2020年，各种自然灾害共造成1.38亿人次受灾，591人死亡或失踪，10万间房屋倒塌，176万间房屋损坏，农作物受灾面积19957.7千公顷，造成直接经济损失3701.5亿元。

联合国机构世界气象组织（WMO）近日在日内瓦发表报告称，过去50年，因气候变化引发的干旱、风暴和洪水等自然灾害数量增加了5倍，造成全球超过200万人死亡，经济损失高达3.64万亿美元。报告指出：与气候有关的灾害数量迅速增加，由于全球变暖，极端天气事件变得越来越频繁。半个世纪以来，与极端天气有关的灾难平均每天都会发生，一天可造成115人丧生以及2.02亿美元损失。其中超过91%的罹难者在发展中国家。惨痛的损失已经使愈来愈多的人意识到，必须开展风险管理，同时意识到传统保险上的经济补偿功能已不能满足当前需求。

中国人保财险发布《共同愿景宣言》该宣言指出："推动社会风险从等量管理向减量管理转变。"风险减量管理的概念第一次被正式提出。

风险减量管理即风险管理者采取措施和方法，减少风险事件发生的可能性，或减少风险事件发生所造成的损失。"风险减量管理"一词已得到业内人士的广泛认同，百度搜索"风险减量管理"，可为您找到相关结果约 120 万个。

作为科技部"十三五"国家重点研发计划 2018（2018YFC1508900）"多灾种综合风险防范服务产品开发与集成平台建设示范"项目，科技部 2008 年 12 月批复，国家给予专项课题经费 1487 万元。人保财险负责梳理保险承保风险管控、防灾防损和理赔综合风险信息服务产品需求，构建基于多源大数据的面向保险承保、防灾防损和理赔全流程的综合风险信息服务模式，研制保险核保、防灾防损和核损的综合风险信息服务标准规范，协同国家防灾减灾体系建设。

《风险减量管理与保险实践》专著共九章，分别从风险减量管理理论、模式及意义进行了综合阐述；对水灾与火灾风险减量管理与保险实践、我国灾情概况、风险管理、国外先进经验、风险减量管理及人保财险保险实践作了系统介绍；对道路交通风险、意外事故及责任风险、农险风险、健康险风险及堤防保险风险五个典型险种的风险减量管理理论及保险实践进行了全面理论介绍、政策解读及案例总结；对遥感技术、InSAR 技术及物联网技术在风险减量管理的应用与保险实践，从基本技术、应用思路、保险探索、风险减量管理应用及实际案例系统进行了翔实的综合释义，为进一步了解新科技在风险减量管理中的应用给予了启迪；对于保险的未来发展，也结合风险减量管理理论进行了展望，风险减量可能会进一步影响到保险公司的盈利模式、产品方案、产品寿命及保险业务的内外循环，另外也会带动保险公司的管理模式和人才队伍的结构转变，一切都会产生巨大变化。

当下科技的进步正在加速保险业数字化转型，科技的快速发展，正逐步渗透并重构保险的价值链。随着云计算、大数据、人工智能、区块链、物联网和生物科技等技术的应用及普及，保险商业模式变革将迎来以客户为中心的价值链优化机遇、跨界资源整合机遇和形成科技保险生态圈机遇等。科技正在不断赋能保险行业。科技在保险的应用，引起保险业务模式、风控模式和客户体验改善等方面的变革，帮助保险公司解决经营中的痛点，推动了保险公司承保核保、定损理赔、客户服务、风控反欺诈等环节业务管理模式的变革。新技术也势必会融入风险减量管理的各环节，推进构建保险业的风险减量管理服务模式。

从国际视野看，保险业正迎来一场重大的科技变革，未来已来。这对敢于拥抱变革的保险公司而言是巨大的机会，对行动迟缓的保险公司而言则是重大的风险。国际各大保险公司正在运用大数据、云计算、物联网、人工智能和区块链等技术，探索新的商业模式。保险业的未来将属于"基于新技术创新应用的商业模式创新"。放眼未来，保险业应积极学习借鉴国外成熟的行业实践经验和先进的科技应用，结合我国实际情况，围绕新时代人民对美好生活的需求、国家治理能力及治理体系建设的需求，以科技为驱动力，不断拓展保险保障职能，深化保险服务，探索保险的商业模式变革，尽快健全风险减量新模式。

目　录

1 风险减量管理理论框架 ……………………………………………… 1
  1.1 风险减量管理概述 …………………………………………… 1
  1.2 风险减量管理新模式 ………………………………………… 5
  1.3 风险减量管理的意义 ………………………………………… 12

2 水灾风险减量管理与保险实践 ……………………………………… 19
  2.1 我国水灾概况 ………………………………………………… 19
  2.2 水灾风险管理 ………………………………………………… 22
  2.3 国内保险水灾风险减量管理主要内容 ……………………… 40
  2.4 典型案例：人保财险在"利奇马"台风中的防灾防损工作 …… 44
  2.5 典型案例：人保财险在"梅花"台风中的防灾防损工作 ……… 48

3 火灾风险减量管理与保险实践 ……………………………………… 54
  3.1 火灾概述 ……………………………………………………… 54
  3.2 典型标的和行业火灾风险管理 ……………………………… 58
  3.3 火灾公众责任险国外经验 …………………………………… 74

4 风险减量管理的保险典型险种实践 ………………………………… 76
  4.1 道路交通风险减量管理 ……………………………………… 76
  4.2 意外事故及责任风险减量管理 ……………………………… 88
  4.3 农险风险减量管理 …………………………………………… 102
  4.4 健康险风险减量管理 ………………………………………… 104
  4.5 堤防保险风险减量管理 ……………………………………… 106

5 遥感技术在风险减量管理的应用与保险实践 ………………… 108
- 5.1 遥感技术简介 ………………………………………………… 108
- 5.2 应用思路 ……………………………………………………… 109
- 5.3 遥感技术在农业保险领域的应用 …………………………… 110
- 5.4 遥感技术在其他保险领域的应用 …………………………… 120

6 InSAR 技术在风险减量管理的应用与保险实践 ……………… 125
- 6.1 InSAR 技术简介 ……………………………………………… 125
- 6.2 InSAR 技术应用原理 ………………………………………… 126
- 6.3 InSAR 技术在建筑领域的应用 ……………………………… 135
- 6.4 InSAR 技术在轨道交通领域的应用 ………………………… 136
- 6.5 InSAR 技术保险应用思路 …………………………………… 138
- 6.6 典型案例 ……………………………………………………… 139

7 物联网技术在风险减量管理的应用与保险实践 ……………… 145
- 7.1 物联网简介 …………………………………………………… 145
- 7.2 物联网在道路交通风险减量管理中的应用 ………………… 146
- 7.3 物联网在水灾风险减量管理中的应用 ……………………… 147
- 7.4 物联网在火灾风险减量管理中的应用 ……………………… 153

8 电气火灾监控技术在风险减量管理的应用与保险实践 ……… 161
- 8.1 电气火灾监控技术的背景 …………………………………… 161
- 8.2 电气火灾监控技术发展现状、问题及展望 ………………… 168
- 8.3 电气火灾监控技术在各场景的应用推广现状 ……………… 171
- 8.4 电气火灾监控技术在保险风险减量管理应用的可行性 …… 177
- 8.5 电气火灾监控技术在保险风险减量管理的应用探索 ……… 178

9 展望与建议 ………………………………………………………… 180
- 9.1 转变理念，创新风险减量管理模式 ………………………… 180
- 9.2 多方协同，构建风险减量管理闭环 ………………………… 182

9.3 群策群力，开发风险减量管理产品 ……………………… 185
9.4 科技赋能，提升风险减量管理效能 ……………………… 185
9.5 汇聚英才，夯实风险减量管理队伍 ……………………… 187

参考文献 …………………………………………………………… 188

致谢 ………………………………………………………………… 200

1 风险减量管理理论框架

1.1 风险减量管理概述

风险管理是一个古老而永恒的话题。从人类社会一开始，人们就面临水、火、风等灾害风险，后来开始研究并采取各种风险管理措施。经过几千年的社会进步，风险管理的理论和技术也在不断发展和创新。保险作为现代社会专门管理风险的行业，有天然的动力去研究和应用风险管理，凭借其独特的数据、技术和专业优势，很多时候对风险管理的实践有更深刻的认识。历史进程中，保险对于社会风险管理理论和技术的发展起着重要的推动作用。例如，汽车安全带就是在保险公司的推动下成为现代汽车的强制性装备的。随着社会发展，保险被赋予了更多的社会管理职能诉求，传统意义上的经济补偿功能已不能满足其需求，需要保险跳出传统的思维和理念，更加深入地参与社会管理全过程，在社会经济发展中有更主动的作为。风险减量管理就是在这样的背景下提出来的，核心理念是保险不仅应管理好社会存量风险，还应主动削减社会风险。2011年，中国人民财产保险股份有限公司发布《共同愿景宣言》，指出："推动社会风险从等量管理向减量管理转变。"风险减量管理的概念第一次被正式提出。

1.1.1 风险减量管理的概念及要素

目前，对于风险减量管理尚无权威的定义。

借鉴风险管理经典理论的表述，我们认为，风险减量管理是指风险管理者采取措施和方法，减少风险事件发生的可能性，或减少风险事件发生所造成的损失。

1.1.2 风险减量管理的一般含义

风险减量管理包括两层含义：一是灾害事故发生前，降低风险事件发生的概率，属于事前风险控制。如台风来临前，及时获得台风预报信息，及时做好建筑加固和防水措施，尽管不能完全消除台风带来财产损失的可能性，但可以减少损失的可能性。二是灾害事故发生后，降低损失，属于事后风险控制。如地震发生后，往往有一段黄金救援时间，如果在一定时间内采取有效的救援措施，做好财产和人员抢救，就可以极大地降低生命财产损失。

传统理论中，风险管理可分为财务型风险管理和控制型风险管理。一般认为，保险属于财务型风险管理措施，通过订立保险合同，将个人或企业面临的财产风险、人身风险、责任风险等转嫁给保险人的一种风险管理技术。控制型风险管理通常指对存在的风险因素，采取控制技术以降低风险事故频率和损失。主要通过干预手段，改变致灾因子、承灾体、孕灾环境等，降低事故的发生概率或减少事故发生后的损失。风险减量管理属于控制型风险管理措施。

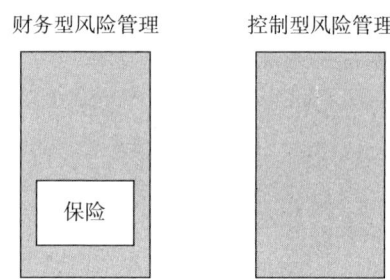

图1-1 传统意义上，保险属于财务型风险管理措施

1.1.3 保险风险减量管理

1.1.3.1 基本含义

保险风险减量管理，指保险主体（保险人、被保险人）采取防灾防损等措施和机制，减少承保标的出险的概率，或减少出险后承保标的的相关损失，并据此优化定价、承保条件、理赔、客户服务等一系列管理活动。

传统的保险风险管理属于财务型风险管理。新理念下，保险的风险减量管理使保险公司突破传统边界，跨界延伸至控制型风险管理领域。

1 风险减量管理理论框架

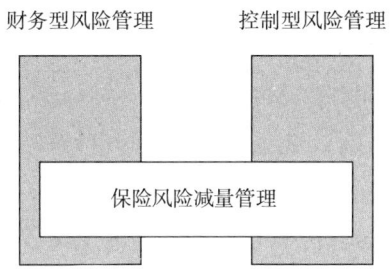

图 1-2 保险风险减量管理的跨界

风险减量管理中的"风险"特指损失发生的不确定,是纯粹风险,与保险中的定义一致,但突破传统意义上的可保风险。结合保险理论和实践,在 Berliner (1982) 的基础上,可保风险一般包括如下标准,共 11 项。

表 1-1　　　　　　　　　可保风险的标准

项目	类别	标准	特征
[1]	保险统计精算	风险/不可确定性	可测量
[2]		损失事件	独立
[3]		最大损失	可负担
[4]		平均损失	适中
[5]		损失频率	低
[6]		道德风险、逆向选择	不过分
[7]	市场决定	保费	充足、可负担
[8]		保险范围限制	可接受
[9]		行业承保能力	充分
[10]	社会因素	公共政策	与保险一致
[11]		法律体系	许可保险

资料来源:Baruch Berliner,风险的可保险限制,Prenliee - Hall. 1982;瑞士再保险公司经济研究与咨询部。

从保险人角度看,通过实施风险减量管理,可以改进并提高可保性的有以下几点:

①最大损失。通过防灾防损等措施,可以降低承保标的最大损失,提升保险公司的可负担性。

②平均损失。通过更广泛、更深入地开展事前预防和事中防灾防损,可以

降低某类行业风险的平均损失。原来一些不可承保的领域,可以逐渐可保。

③道德风险及逆选择。通过一些风险减量管理技术和机制设计,减少被保险人的道德风险,提高可保性。如通过动物耳标防范能繁母猪和肉牛等动物保险存在的多次索赔道德风险,进而形成良好的市场秩序,从而提高养殖险的承保规模和范围。

④风险的不确定性。一般对于必然发生的事故损失,通常采用规避的手段。现在通过实施一定的防灾减灾措施,可以使原本必然发生的事故转变为可能发生的事故,即"必然性"成为"或然性",使其符合保险承保的原则。

从被保险人角度看,通过积极实施风险减量管理,可以提高可保性。体现在以下几方面:

①保费费率。当前,之所以保险公司不愿意承保某些业务,一方面是因为风险高;另一方面是因为高风险导致费率较高,被保险人难以接受。同时,此类业务保费规模往往较小,难以建立有效的基金池,不具有很好的可持续性。通过减少风险,进而降低费率,降低保费,使被保险人可接受,将极大提升可保性。

②保险范围限制。随着社会防灾能力和防灾水平的提升,社会承灾体的客观风险水平降低,可以逐渐提高可保性。如地震、洪水等巨灾,之前属于不可承保的风险,现今已在广泛实践中。

风险的可保性能够随着时间的推移而发生改变,随着社会发展和科技进步而扩展。历史上,许多曾经被认为无法承保的风险在后来也找到了保险解决方案。

风险减量管理进一步挖掘了保险在社会风险管理方面的巨大潜力和空间,使更多原本认定为不可保的风险变得可保,助力扩大保险覆盖面。

1.1.3.2 保险"风险存量管理"与"风险减量管理"的区别

狭义的保险经营主要针对风险的存量模式进行管理,即保险公司被动接受客观存在的风险总量,组织、管理及开展如何在全社会进行转移和分担既定风险。

保险的风险存量管理主要过程:应用大数法则,基于历史赔案数据,分析风险概率进行定价。之后,保险公司进行展业承保,销售一份保单代表完成一次风险收集,其间为了满足大数法则需要在全社会进行大量的风险收集。伴随风险收集,保险公司收取保费,建立共同的保险基金池,实现全社会的风险共担。当发生理赔后，被保险人得到经济补偿，完成风险转移。

面向未来，这种传统的风险存量管理模式越来越难以赶上时代的变化，需求的驱动、技术的驱动，都在推动保险要打破旧有模式，创新风险管理模式。在社会财富和人口聚集的时代，人们风险管理的最终目标很多时候都必须采取事前防范措施，防止灾害事故的发生。人的生命、健康、心理损失及企业停业、声誉、市场竞争力等损失都是保险难以补偿的。同时，技术的进步，使一些风险管理措施的成本出现本质上的下降，效率极大提升，效果和绩效明显，相应的商业应用日趋成熟。比如，以往评估火灾对建筑物的损坏效果，可能需要真实的大楼和管线设施进行实验，成本巨大，而现在可以通过计算机模拟的方式，就可以取得一些关键实验数据和结果，花费少，效率快，结果也更直接明了。

相较风险存量管理，未来保险将实现一种基于价值创造的动态、潜在风险的缩减和技术共同分享的管理，在推动相关产业效率提升的同时，实现风险暴露的降低，为客户创造价值，为行业赢得空间，为全社会创造福祉，即保险的风险减量管理新模式。

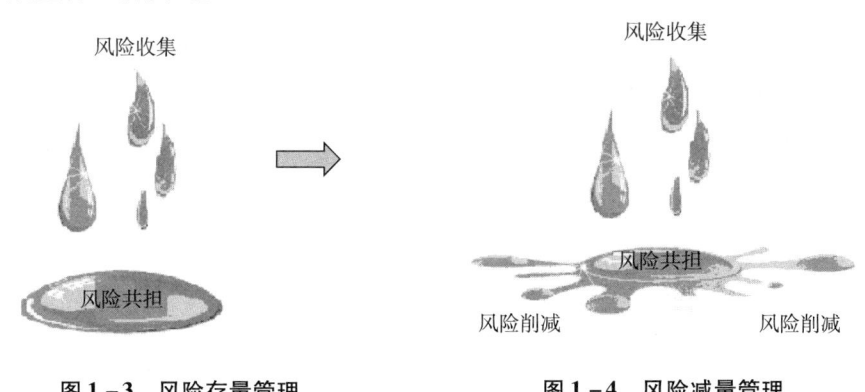

图1-3　风险存量管理　　　　　图1-4　风险减量管理

1.2　风险减量管理新模式

1.2.1　风险减量管理内容

风险减量管理对于被保险人及保险公司均有重要意义。从风险减量管理的内容看，被保险人及保险公司也都承担着重要的角色。被保险人是风险减量管理工作的实施主体，负责构建企业风险减量管理体系，包括制定管理制度、建立组织机构、配备相关人员及落实具体措施；保险公司是被保险人风险减量管理的合作伙伴，借助于行业经验、数据积累、产品设计、专业技术，引导和支持被保险人开展风险减量管理工作。双方通力合作，从而达到降低社会整体风险、实现多方共赢的目的。

目前，保险公司风险减量管理工作主要包括以下内容。

（1）产品条款设计

大多数保险公司的条款都已将被保险人在出险后因抢救财产、防止损失蔓延而采取必要、合理措施发生的费用纳入了损失赔偿范围，并且规定出险后被保险人有义务尽力采取必要、合理措施防止或减少损失。

以中国人保财险财产一切险条款（2009版）为例，相关规定如下：

保险责任

第五条 保险期内，由于自然灾害或意外事故造成保险标的直接物质损坏或灭失（以下简称"损失"），保险人按照本保险合同的约定负责赔偿。

前款原因造成的保险事故发生时，为抢救保险标的或防止灾害蔓延，采取必要的、合理的措施而造成保险标的的损失，保险人按照本保险合同的约定也负责赔偿。

第六条 保险事故发生后，被保险人为防止或减少保险标的的损失所支付的必要的、合理的费用，保险人按照本保险合同的约定也负责赔偿。

投保人、被保险人义务

第二十四条 知道保险事故发生后，被保险人应该尽力采取必要、合理的措施，防止或减少损失，否则，对因此扩大的损失，保险人不承担赔偿责任。除此之外，财产基本险、综合险条款中也有类似规定。在产品条款中明确将出险后尽快采取减损措施作为被保险人义务，并将发生的合理费用纳入赔偿范围，能够约束和激励被保险人在出险后积极采取措施，防止损失扩大，从而达到风险减量的目的。

（2）产品定价

通过将产品定价与客户风险状况挂钩，激励客户进行风险减量管理是当前部分保险公司采取的另一项措施。

以车联网在保险中的应用为例。在传统的车险定价模式中，定价因子主要包括从人、从车、从用、从地等因素。其中，"从用"因素主要指车辆使用类别，是营业用车还是家庭自用车；"从人"因素则是指静态概念下的因素，包括被保险人年龄、性别、婚姻、职业等。这些因素在一定程度上反映了被保险人的风险差异，但仍然不能完全反映实际风险状况。传统的定价方式，两个实际上风险程度不同的客户可能缴纳相同的保费，既不能够对风险较低的客户进行补偿，也不能够激励风险较高的客户改进风险状况。

而车联网技术能够获得人、车、环境等多方面的信息，信息量大、数据准确性高且具有很强的动态性，从而将新的信息作为风险因子引入车险定价，将有利于实现个体保费的差异化。同时，借助收集动态变化的车联网数据，能够提升费率调整频率，支持以每月、每周甚至按照每日、每次行程的保险定价模式，及时反映驾驶行为变化，提升车险定价的科学性和公平性，为消费者提供更多选择，定价更公平，能够激励客户不断改进自身的风险状况，以获取更合理的保费，从而达到风险减量的目的。

（3）承保条件约束

通过承保条件来约束客户，能够促使客户在日常生产经营过程中加强风险管理，及时整改风险隐患。

以企财险为例，在确定承保意向及承保条件前，保险公司需对被保险人进行现场风险评估，以了解投保人整体风险水平，为核保提供准确、客观、完整的投保标的风险信息及判断。风险评估的内容包括投保人的主要风险、风险点位、风险源、风险管理水平、保险责任事故发生的可能性等。风险评估工作完成后，在与投保人约定承保条件时，保险公司应根据风险评估的结果进行确定，如对免赔条件及免赔率的确定、对投保人改进风险管理水平效果的评价等，以达到督促、激励投保人提升风险管理水平的目的。

（4）防灾防损服务

防灾防损服务是保险公司向被保险人提供的一种动态风险管理服务，通过现场了解被保险人风险状况，识别风险隐患，提出防灾防损建议，并督促企业完善防灾防损措施，整改风险隐患。

以车险为例，车联网技术的应用为车险客户提供了很好的防灾防损服务体验。车联网通过实时监控、报警提醒等功能，实时监控客户的驾驶行为，一旦客户发生危险驾驶行为，则能够立即报警，从而对危险驾驶行为进行干预和纠正。此外，车联网还可通过检测车辆安全状况、发布灾害预警等手段，对风险进行预报，避免事故的发生，实现"风险减量"。

防灾防损服务也是保险公司对于财产险客户风险管理服务的一个重要方面。与风险评估的目的不同，防灾防损服务的主要目的在于发现风险隐患并指导客户进行改进。防灾防损服务包括三个环节。首先，了解被保险人的基本情况，包括安全管理制度建设情况、安全管理责任制建立及运行情况、以往灾害及事故情况、标的周边自然环境情况、生产流程、消防安全设施等，主要通过访谈被保险单位安全管理人及查阅相关资料实现。其次，在了解基本情况后，需要制订相应的服务计划，确定服务重点，进行现场查看。对于高风险对象及区域，现场查看其实际风险状况及相应防灾防损措施，以识别风险隐患。最后，针对风险隐患提出防灾防损建议，指导被保险人建立、完善对防灾防损措施，降低风险隐患，达到风险减量的目的。

（5）灾后减损

灾后减损作为保险风险减量管理服务的重要内容，着眼于降低灾害损失，即通过控制灾害蔓延、抢救财产、修复标的等手段，达到降低被保险人损失的目的。当前，保险公司的灾后减损工作主要侧重于控制灾害蔓延及抢救财产，对于标的修复的模式和技术探索得还不多。而事实上，对于企业来说，阻止受损设备的恶化并修复往往更为关键。

以机器设备的灾后修复技术为例，该技术针对水灾、爆炸、地震、台风、化学溢漏、海啸等自然灾害或意外事故对机器设备造成的损害，进行设备损害修复，帮助企业尽快恢复生产，从而节约更换设备的成本并降低营业中断的损失。实际操作包括三个环节：第一，初步损失评估，通过现场评估及检测标的受损程度，确定污染范围、可施救区域、可施救标的；第二，施救作业，通过除湿、清洁、排烟、涂油等手段，防止受污染设备进一步恶化；第三，精密除污及复原，进行设备的拆解、清除所有零件的污染、更换腐蚀、损坏严重且无法顺利修复的小型低值零件、为表面损坏的零件重新漆上表面保护涂料，并重新组装。第二个环节的部分措施和第三个环节技术性和精密性要求较高，目前保险公司主要借助外部技术力量开展相关服务。

（6）其他服务

除了与保险产品或专业技术相关的风险减量管理服务，保险公司还为客户

提供了其他多种类、多维度的服务,以加强被保险人风险减量管理意识,提升其风险减量管理水平。主要内容如下:

自然灾害预警信息服务:保险公司与气象、水文、地质等部门建立合作,接收自然灾害预警信息,通过网络、手机客户端等形式,向相关客户进行风险提示。

防灾防损宣传服务:保险公司与政府相关防灾减灾部门合作,借助"防灾减灾日""11·9消防日"等宣传契机,向社会公众及被保险人宣传防灾防损知识,普及基本防灾防损技能。

提供专用防灾防损物资服务:保险公司通过购置、租用等方式,向客户提供防灾防损物资,常见的如提供消防灭火器材、排水设施等。

提供专用安全警示标志服务:保险公司制作安全警示标志,起到风险提示的作用。如在积水路面、车库等区域放置警示牌,提示客户绕行或转移车辆。

客户防灾防损培训:保险公司聘请内部或外部专家,为客户进行防灾防损培训。如聘请安监对客户进行生产安全知识培训、聘请消防机构指导客户进行消防演习或紧急事故演习等。

风险管理咨询服务:保险公司聘请内部或外部专家,根据客户自身情况及风险特点,为客户提供风险管理咨询服务。如设计风险管理方案、制定方案实施细则、指导客户落实细则等。

1.2.2 风险减量管理特点

(1) 全流程

保险的风险减量管理不是传统意义上经营管理的一个流程环节,而是一个全流程概念。保险的风险减量管理包括承保前、承保后两个方面,贯穿于保险的产品开发、定价、展业、承保、防灾防损、理赔等全过程。例如,在产品开发和定价时,将有一套科学的评价和量化机制,并允许在实现风险减量的前提下降低费率。产品设计时,还将把防灾防损作为条款设计前提,并设计一定的商业机制来保证被保险人切实履行风险减量职责。

(2) 动态性

风险减量管理打破传统费率相对固定、定价更新周期相对较长的模式。通过对承保标的风险的动态评估,持续减少承保标的存量和增量风险,使客观风险降低,可以实施更灵活的定价策略,也可以实施更机动的客户服务策略,提高经营管理的效率。

（3）协作性

风险减量管理是全流程的体系，决定了风险减量管理的具体实施不是一个部门的工作，而是各业务单元相互协作、良性互动、相互促进的管理运行模式。其运行以一套企业内部的协作机制、数据共享机制、内部服务成本利润核算机制、项目管理机制等为支撑。相较传统的保险防灾防损工作，保险的风险减量管理是依托IT、互联网、移动互联、大数据等技术，实现管理成本、管理效率在质上的飞跃，实现业务流程的自动化和智能化，从而实现商业模式的变革。

（4）标准化和系统化

保险的风险减量管理是一套系统性的管理机制，应有配套的系统性规划、规范制度、标准操作模板、专业工程师队伍等，是基于工业化流水生产线思维，重新改造和升级建立的管理体系。

1.2.3 风险减量管理与传统防灾防损的关系

传统防灾防损通常是保险公司经营管理的一个环节。

传统防灾防损是指保险人与被保险人对所承保的保险标的采取措施，减少或消除风险发生的因素，防止或减少灾害事故，控制事故损失规模，从而降低保险成本，增加经济效益的一种经营活动。传统防灾防损工作主要集中在承保后对客户进行服务。

传统防灾防损的主要工作：①防汛。建立防灾协作组织，获取并提供气象水文等信息，制定防洪预案，开展防汛检查。②防火防爆。对承保标的进行风险评估和安全检查，根据需要组织专家和技术人员为客户提供火灾隐患勘查等，参与及配合消防等部门及行业主管部门开展安全检查。③技术研究与服务。保险公司开展技术研发和应用，为客户提供专业化的风险管理服务。④宣传。通过教育、科普等形式，提高被保险人风险意识和灾害事故处置能力。

风险减量管理体现全新的保险管理思维和管理模式。传统的防灾防损不仅是风险减量管理的重要业务环节，更是业务驱动的重要原动力。

在风险减量管理体系中，防灾防损将连接产品开发、定价、承保、理赔和客户服务，实现良性互动。具体体现在以下几个方面。

产品开发：可以开发基于防灾等风险减量的个性化保险产品，使传统意义上难以承保或劣质业务转变为可保或优质业务。可将实施工程性和非工程性减损措施、机制设计作为保险产品的前提条件。

定价：可以以承保标的风险减量措施为先导，根据客观风险状况，实现费率的动态定价。国际上有些保险公司正积极通过实施工程性减灾，降低承保标的风险，进而实施有竞争力的定价，如FMGlobal、富邦保险公司等。

承保：根据风险减量结果，调整承保条件，如基于风险状况设置免赔额及免赔率。实施更加科学灵活的核保，可在风险减量基础上，实施更精细化的业务风险评估和审核。如依据风险工程师的风险评价结论，对于不良风险在承保前与客户商定风险改善的方案后，进行承保。

理赔：积极实施灾后承保标的恢复及减损，降低保险赔付金额。同时，分析理赔案例和数据，提取灾害事故规律，验证和研发风险减量技术，改进提升保险风险减量管理技术的精准性和适用性，促进整个管理体系的健壮性和稳定性。

客户服务：客户往往希望的是不出险，消除风险因素的需求大于灾后保险公司理赔的需求。因此，通过风险减量管理为客户提供增值服务，有时可以不通过打价格战，就能赢得市场，好的风险减量服务能够培养客户忠诚度，增加客户黏性。

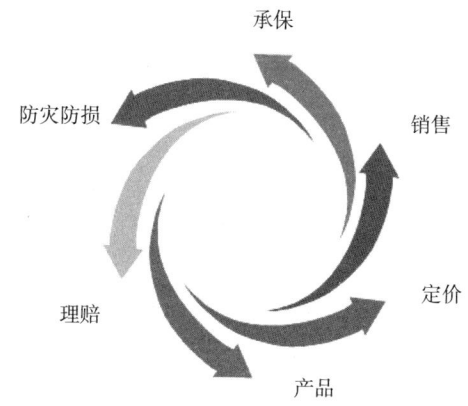

图1-5 传统防灾防损是保险公司经营管理的一个环节

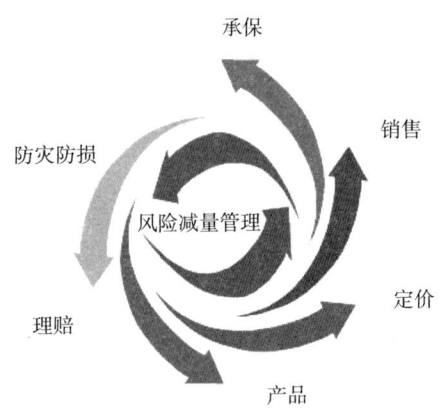

图1-6 保险的风险减量管理是全流程机制

1.3 风险减量管理的意义

保险的风险减量管理对社会和保险公司来说具有重要意义。对于社会来说，风险减量管理将极大地促进防灾减灾，提升整个社会的风险保障能力，改善风险状况，减少经济损失，提升国民风险意识和风险应对能力。对于保险公司来说，风险减量管理对建立企业核心竞争力，创新客户服务，提升盈利，稳健经营，具有重要的战略意义。尤其是在当前保险市场化改革背景下，风险减量管理可以作为创新型的增值服务和商业模式，成为企业的核心竞争力。

1.3.1 社会意义

风险减量管理是保险社会管理功能的具体体现。2014年，《国务院关于加快发展现代保险服务业的若干意见》（保险业"新国十条"），标志着保险在社会经济发展全局中的定位极大提升，要求保险业"跳出保险看保险""跳出保险干保险"。其中很重要的就是在社会管理中发挥更加主动的作用，更有作为。风险减量管理使传统的保险突破"风险分担"机制的边界，发挥社会管理"风险削减"的作用，可以成为保险服务国家治理体系和治理能力建设的行业创新模式。

1.3.1.1 促进国家防灾减灾

随着经济社会发展，风险的累积呈几何级数增长。对当今的商业企业来说，自然灾害这样的传统风险，较之以前将会变得代价更为高昂。以珠三角为例，在过去的25年时间里已成为增长最快的经济体中发展最为迅速的地区。珠三角是电子产品、玩具、服装、针织品、塑料制品等一系列产品的重要生产基地。以前，一场海啸或洪水对珠三角的商业企业构不成多大的风险影响，但今天不同，该地区大规模的商业财产的发展使一场自然灾害足以给当地的企业集群带来极大风险。

传统意义上，保险的主要功能是经济补偿，其背后是风险共担机制，也是一种风险存量的管理模式。但是，随着时代发展，自然灾害和安全事故风险的大量累积，企业和个人对风险规避和减少的渴望就成为最迫切的需求。因此，保险仅仅发挥经济补偿功能还远远不够，还需要发挥风险减量的社会管理作用，有效开展各类防灾减灾工作。

从发达国家的经验来看，经济社会发展得越好，社会就越注重防灾减灾的作用，防灾防损工作就越益受到重视，保险公司就越会积极推进相关事项。如美国财产和意外保险公司赞助"全国委员会""承保人实验所""公路安全保险协会"等机构开展防灾防损工作及研究。保险公司也会自聘或外聘工程技术人员调查意外开展防灾防损工作和灾后救助工作，以减少损失。保险公司也会督促政府制定相关的法规，以及对道路和汽车的安全设计进行改进。严格的法律使大多数汽车驾驶员变得谨慎起来，同时相应的道路及车辆安全性能的增加，都促使美国每万辆汽车造成的车祸死亡率逐年下降。

未来，保险的风险减量管理模式就是解决如何将防灾减灾与保险更好地结合，以发挥更大作用。联合国开发计划署署长克拉克曾说过："在把灾害风险降到最低方面，每花费1美元，就可在灾害造成的经济损失方面节约7美元。"保险的风险减量管理模式将大有可为，保险可以成为国家防灾减灾的中坚力量，发挥独特的社会风险管理作用。

1.3.1.2 提升风险保障能力

通过采取措施使不可保风险成为可保风险，提升风险保障能力。随着社会经济发展，风险保障需求呈现爆发式增长。但是，从当前商业保险供给看，很多风险保障需求还难以满足。其中，很多是由于高风险和新风险业务在商业操作上面临困难，要么有的具有高赔付率，商业上不可持续；要么不满足大数法则，难以精算定价。理论上，这些风险都属于不可保。风险减量管理为解决不可保问题提供了全新的思路,通过实施工程性减灾和非工程性减灾机制设计,促使风险降低,从而使某一项业务风险可被商业保险公司接受或得到量化认知,转变为可保风险,从而被允许获得商业承保,实现了风险社会化的转移和共担,社会整体的风险保障能力也相应得到提升。

通过扩大承保规模、拓展范围和对象,提升风险保障能力。当前,商业保险在具体运行时对承保行业、领域、标的等都有一定的保险额度限制。一些高风险领域是严格谨慎承保的,如意外险中的特殊体育运动、工程险中的地震等。如果能通过有效的风险减量管理,帮助被保险人降低出险概率,减少出险后损失,从保险原理看可以提高保额,扩展承保范围和对象。2003年,上海地铁4号线5亿元赔案发生后,国际再保险公司严格限制中国地铁工程保险进入合约再保险合同,我国商业保险对此类风险的保障能力受到影响。之后,我国保险公司有针对性地加大了对地铁工程风险的研究和防灾防损管理。以昆明地铁工程保险为例,中国人保财险制订实施了一整套有效的风险减量方案,承保3年以来赔付率仅为15%。慕尼黑再保险、瑞士再保险、英国劳合社等国际再保险公司看到昆明地铁的防灾防损效果和经济效益,纷纷争取并扩大再保份额。客观上,保险业对社会此类风险的保障能力也得到了提升。

1.3.1.3　改善社会风险状况

保险通过费率机制,削减社会风险。当前,企业如果发生火灾和污染等事故,往往会给社会第三方造成损害。商业保险基于长期积累的灾害及事故资料,利用专业技术通过差异化的费率来区分不同风险等级的客户,以更加优惠的承保条件鼓励企业重视自身风险和安全问题,加强风险管理,通过防灾防损降低风险等级。例如,保险条款设计中,凡企业备有机动消防车辆及设备、消防组织健全、制度完善、确能在发生火灾时出车出水的,费率均降低10%。同时,对于风险较高的企业,则可以通过提高费率进行惩罚,督促企业减灾减损,客观上削减了社会的总量风险。

保险通过技术输出、标准制订、咨询服务,减少社会风险。为了降低赔付率,提高利润,保险公司有天然的积极性去研究并减少承保标的风险,为客户提供事故预防等技术和服务。如保险公司应用人机工程学,通过实验发现站立时搬运物品的最安全高度为"身高×74%"以下,据此改进客户生产流程,降低人员伤害风险。保险公司还从火灾、爆炸、自然灾害、失窃、劳动灾害和建筑工程等风险角度，为客户提供实地调查和风险改善咨询建议。在国外，保险公司深入参与安全标准制定，许多保险公司发起或主导的安全标准成为国标或相关领域权威，如 UL、FM 标准等。

保险开展监督和宣传，改善社会风险状况。保险公司掌握着承保企业第一手安全风险数据，同时拥有着丰富的风险管理经验，比企业对其风险更为了解。因此，可采取多种形式加大宣传力度，提高企业及全社会对风险防范的认知及认同感，提高灾害事故意识，使开展风险管理工作在全社会形成广泛共识，营造良好的社会氛围，起到改善社会风险状况的作用。也可积极配合相关监管部门，通过程序依法公开企业安全工作情况和风险等级，对企业形成压力，监督和促使投保企业履行社会责任，改进安全级别，消除潜在风险隐患。

1.3.1.4 减少社会经济损失

开展事前预防，减少社会经济损失。"防"胜于"赔"，实际上，被保险人对灾害事故规避的需求远远大于事后保险赔付的需求。保险通过事前的防灾防损并形成示范效应，能减少社会经济损失，并产生积极的"正外部性"。过去很长一段时期，我国平板玻璃在运输途中的破损率高达20%以上，曾经有一年，全国运输途中损耗的玻璃等于5个中型玻璃厂的年产量。为了改变这一现状，攻克玻璃运输破损难题，保险公司组织防灾技术人员及理赔相关人员，深入工厂、铁路和码头等，调研玻璃包装和装卸过程中存在的问题，发动一切力量开展玻璃包装方案设计及运输装载设计等研究，使玻璃在运输途中破损率大幅度下降到1%以下。此设计后来在铁路、公路和水路运输中得到广泛普及。这一事件属于保险公司通过事前减灾技术的研发和社会推广，有效降低相关行业经济损失的典范案例。

开展事后减损，减少社会经济损失。在企业财产保险、海上保险等条款中通常有"施救条款"，允许被保险人从保险人处获得因其为减少或避免保险财产的损失而发生的任何费用。实际上，在保险本身机制设计上，就鼓励被保险人开展事后减损，减少经济损失。此外，保险公司在灾后会积极组织专业技术力量，开展财产施救，客观上减少社会经济损失。如在企业发生火灾、水灾后，保险公司会组织专家针对精密仪器等高价值设备进行施救，积极挽回经济损失。

1.3.2 经济意义

1.3.2.1 回归保险的商业本源

保险因风险而生，也必将因风险而发展。近年来，国际资本市场风险加剧，自然灾害风险上升，保险业"投资+承保"的双轮驱动经营模式面临巨大压力，尤其是2008年以来资本市场回报率大幅下降，投资收益率锐减，冰冻雨雪、地震、泥石流、台风等重大自然灾害频繁发生，保险业的经营和发展面临严峻挑战。面对新的时代特征和行业周期压力，保险业转变投资独大的盈利模式，回归商业本源、回归承保盈利是大势所趋。

保险经营的逻辑是不断把社会各种风险纳入企业经营，通过专业化的运作，在全社会有效分担风险、化解风险，在增加社会总福利的同时，实现企业自身价值。保险这种风险经营的本质，决定了保险业经营必须立足于管理风险的根本任务，研究经济社会的风险特征和演变规律，不断进行保险经营模式创新，不断提供新的产品和服务，在保障国计民生中实现自身发展。保险业只有不断地捕捉时代的风险变化，总结和认识风险规律，创新风险管理模式，平衡风险与发展关系，才能实现永续经营和科学发展。

开展保险的风险减量管理模式创新是保险业回归商业本源、实现承保盈利的需要，是走重效益、重品质发展之路的需要，是打造有竞争力保险产品和服务的需要。

1.3.2.2 实现企业与客户的双赢

防范减少风险是企业和客户的共同诉求。开展风险减量管理，客户满意度和企业经营管理绩效均能得到提升。

从客户角度看，相较事后保险赔偿，他们更希望灾害事故不发生。原因有三方面。第一，灾害事故造成的企业营业中断、声誉、市场份额等影响，往往是保险赔偿弥补不了的。第二，人的生命是无价的，对健康和心理造成的伤害是无法弥补的。因此，客户投保后都不希望发生灾害事故，都希望保险公司能够从专业的角度提供各种防范风险的措施，以帮助他们避免和减少灾害事故的发生。第三，能够得到保险公司赔付服务的客户毕竟是少数，加上保险本身是一种无形的承诺，不发生赔付时，客户难以直接看到、感觉到。许多客户在接受保险服务的过程中反映：保险公司收保费时，积极性非常高，收完保费后只有来年续保时再见了。这导致很多企业客户对保险公司的服务十分不满。如果保险公司通过提供灾害发生前的风险减量管理服务,让客户直接感觉到专业、贴心、个性化的服务,会极大提升客户满意度。

从保险公司角度,事前做好风险减量有助于提高企业经济效益,降低管理成本,提升经营稳健性。通过风险减量管理服务,也能深入贴近客户,除了保险核心流程,发挥保险风险管理顾问角色,为客户深度价值的挖掘奠定基础。例如,中国人保在特奥会筹备期间向特奥会执委会提供了176条风险管理建议,对风险查勘中发现的主要潜在风险进行了归纳和分析,从保险公司的角度对酒店、场馆、医院和车队的风险管理提出了详细建议,这些建议最终被全部采纳,并应用于特奥会的组织工作中,极大地减少了各类灾害事故风险,降低了赔付率,减少了管理成本,赢得了客户的认可。

1.3.2.3 增强保险公司竞争力

通过风险减量管理,可以使保险公司摒弃粗放的价格比拼,凭借风险管理服务赢得市场。尤其是在保险费率市场化改革背景下,价格竞争已经不是传统意义上的粗暴模式,不是企业不计后果、违背规律的"打价格战",而是依靠风险管理技术优势、商业模式优势,将客观风险削减下来后,有竞争力的定价和产品服务。在保险业的风险管理进入"新常态"下,未来保险公司比拼的是有质量的基于技术和创新的产品服务竞争。认识到这一点,及早投入、进行技术和人才储备,有助于保险公司争取先动优势,建立行业核心竞争力。

通过风险减量管理,可以打造保险公司的盈利引擎,建立核心竞争力。依据大数法则,10元的保险费用等于10元的期望损失,如果保险公司拿出1元投入风险减量管理而使期望损失降至8元,那么保险公司将获得1元超额利润。实现超额利润的关键是建立风险减量管理的商业模式。为此,保险公司不但要依靠精算师,还要依靠工程师,投入灾害研究和减灾防损研发,动态削减制约承保领域的致灾因子,改良社会经济的孕灾环境,提高承灾体抗风险水平。国外实践经验表明,保险公司实施良好的风险减量管理,其综合赔付率可以下降到70%以下。

通过风险减量管理,可以稳健经营,提升长期竞争力。保险公司是经营风险的行业,企业的风险管理能力关系到企业能否稳健经营和可持续发展。一些保险公司经营风险较大,究其原因在很大程度上与防灾防损被弱化有关,盲目承保，不求承保质量，依靠高手续费、高回扣抢占市场，承保后不加强风险管理，不注重灾前的防范工作，从而导致投保企业出险率居高不下，自身经营难以走上良性轨道。尤其是当前和未来，防范经营风险是保险业的重要课题。在第二代偿付能力监管体系下，保险公司的风险管理水平将直接体现在最低资本要求中。保险公司全面风险管理也明确包括"非预期重大理赔等造成损失的可能性"，如火灾、地震等灾害引发的保险损失会严重影响保险公司经营稳定性。通过风险减量管理，可以减少灾害事故"黑天鹅事件"，促进保险公司经营的稳健性。

1.3.2.4 增加客户价值

提高老客户的忠诚度和新客户的吸引力，增加客户黏性，提升客户价值。保险实际业务开展中，有时客户选择在同一家公司续保的关键因素是看中专业高品质的风险管理服务。中国人保曾历时两年多，对上海市二轻系统40多家企业开展危险评估的技术服务工作，使客户全面了解了自身的风险状况，并提出了整改隐患应采取的有效措施。在工作成果专家评审会上，该客户相关负责人曾表示十分欢迎保险公司的防灾服务，专业的风险管理服务奠定了企业续保的基础。在一项针对保险形式认同性进行的调查中，有66.67%的企业认为"企业有必要获得保险公司的防灾防损建议"，还有56.41%的企业认为"企业有必要得到保险公司的定期风险查勘服务"。可见，企业对保险公司风险查勘等服务十分重视。开展一系列的风险减量服务，能够极大提升对客户的吸引力。

通过风险减量技术和机制，建立全方位服务生态系统，提升客户价值。客户潜在的全方位风险管理需求，决定了客户价值对于保险公司来说，不应仅仅是保费的缴纳。对于客户来说，风险无处不在，保险公司如果能够帮助客户管理全面风险，成为风险管理伙伴和顾问，那么保险公司的角色和形象将发生根本性的转变，客户价值也必将突破传统的核心业务，引起保险价值链的再造和延伸，形成客户价值的生态系统。从原来单一扁平式的客户价值贡献渠道，转变为多维立体式的客户价值贡献体系。

2 水灾风险减量管理与保险实践

我国是世界上受水灾风险威胁最为严重的国家之一。近年来,我国水灾风险主要为城市暴雨内涝灾害和沿江地区洪水灾害,特别是城市化的加快,极大地增加了城市承灾体风险的暴露性。据统计,我国有5亿人口、5亿亩耕地、100多座大中城市和70%的工农业总产值受到水灾的威胁。

包括保险行业在内的社会风险管理和分担机构,积极开展水灾风险防灾减灾研究,在灾害预警、临灾抢险和灾后施救方面做了大量创新性的工作,成为水灾风险减量管理的倡导者和实践者。

2.1 我国水灾概况

水灾,按照联合国"国际减灾十年委员会"的通俗解释为:由于暴雨、山洪暴发或河水泛滥等导致的灾害。水灾每年给受灾国家和地区的财产及人民生活带来非常严重的影响。防治水灾虽已成为世界各国保证社会安定和经济发展的重要公共安全保障事业,但从目前的科技发展水平来看,根除是困难的,它仍是世界上影响最大的自然灾害。

中国自古就是一个水灾频繁的国家,自公元前206年至1949年的2155年间,全国各地较大的水灾有1092次,平均每两年出现一次。如何减轻水灾带来的巨大损失,形成稳定、协调的洪水与社会、经济系统之间的良性关系,一直是水灾研究与管理工作者努力解决的重大问题。多年来,中国洪水的救灾与减灾始终是"政府+社会"这一基本模式,一旦大的水灾来临,举国上下开始动员,形成了类似战争的抗洪救灾主战场。虽然暂时战胜了洪水,灾区在政府的安排下也会逐步恢复正常,但救灾成本大、物资浪费严重,并且对全国其他地区和其他事务的正常运转造成不良影响。随着我国社会主义市场经济改革的不断深入,灾害救助的客观需要与在传统计划经济体制中长期形成的灾害救助模式之间的矛盾,已经成为我国灾害救助工作的主要矛盾。同时,中央政府救助负担沉重,其他救助主体投入匮乏,更非长久之计。在新的形势下,水灾救助又出现了救助难度增大、物质缺乏保障、组织难以实施等问题。我国的防洪减灾工作面临着严峻的考验,亟待寻求一条可以新的减灾道路。因此,如何探寻一条适合中国国情的水灾风险管理模式,对我国减轻自然灾害事业将有重要意义,也是我国水灾风险管理中必须解决的理论和现实问题。

暴雨灾害和洪水灾害是我国水灾风险最主要的两大类,对于这两类风险,首先需要从灾害定义和时空分布两方面进行风险概况研究。

2.1.1 暴雨灾害

2.1.1.1 暴雨灾害定义

暴雨是指每小时降雨量达 16 毫米以上,或连续 12 小时降雨量达 30 毫米以上,或连续 24 小时降雨量达 50 毫米以上的降雨。暴雨按其降水强度大小分为三个等级,即 24 小时降水量为 50~99.9 毫米称"暴雨";100~250 毫米为"大暴雨";250 毫米以上称"特大暴雨"。

图 2-1 2012 年 7 月 21 日北京特大暴雨造成严重损失

2.1.1.2 暴雨灾害时空分布

我国大部分地区深受季风影响。台风、冷暖气流和夏季高温,是形成暴雨的主要原因。我国大陆上主要雨带位置随季节由南向北推移,"两广"、闽、台是暴雨出现最多的地区。4~5 月华南地区迎来雨季;6 月中旬到 7 月中旬,长江中下游进入"梅雨"季节；7~8月，雨带移至华北及东北南部；9月，夏季风势力减弱，雨带迅速南撤。由于受夏季风的影响，我国暴雨日及雨量的分布从东南沿海向西北内陆逐渐减少。在西北高原每年平均只有不到一天的暴雨。暴雨集中的地带主要有两条：一条是辽东半岛—山东半岛—东南沿海，另一条是大兴安岭—太行山—武夷山东麓。此外，阴山、秦岭、南岭等山脉的南麓也是暴雨的多发地区。

2.1.2 洪水灾害

2.1.2.1 洪水灾害定义

洪水通常是指由暴雨、急骤融冰化雪、风暴潮等自然因素引起的江河湖海水量迅速增加或水位迅猛上涨的水流现象，特别是山洪暴发、江河泛滥、潮水上岸及倒灌。一般以洪水的洪峰流量（大江大河以洪水总量）的重现期作为洪水等级划分标准，分为常遇洪水、较大洪水、大洪水、特大洪水四个等级。常遇洪水：重现期小于10年；较大洪水：重现期为10~20年；大洪水：重现期为20~50年；特大洪水：重现期超过50年。

2.1.2.2 洪水灾害时空分布

我国洪水灾害分布极广，除沙漠、戈壁、极端干旱地区和高原地区外，大约2/3的国土面积上存在着不同危害程度的洪水灾害，全国600多座城市90%都存在防洪风险。特别是东部地区，不仅人口密集，而且95%的人口生活在沿江、沿河、沿海的平原地带，土地开发利用程度高，经济较为发达，因此洪水灾害造成的损失巨大。

历史数据表明，我国洪水灾害发生的季节与各地雨季的早晚（季风雨带的季节进退）、降水集中时段及热带气旋活动等因素密切相关。例如，华南地区3月降雨明显增多，到11月仍可受到热带气旋的影响，降水集中时段为4~9月，洪涝主要发生在5~6月和8~9月。长江中下游地区4月前后雨水明显增多，5月洪涝次数显著增加，但主要是在江南地区。6月中旬至7月上旬长江中下游地区进入"梅雨"期，雨量大，是洪涝发生的集中期，7月中旬至8月为少雨伏旱期，发生洪涝的机会少，但沿海地区受热带气旋影响仍可遭受洪涝灾害。大部地区洪涝灾害集中在5~7月，受涝次数占全年的80%左右。

2.2 水灾风险管理

水灾的风险减量管理,主要指在发生暴雨、台风、洪水等灾害前,有针对性地采取措施,避免或降低事故损失和影响范围,最终实现灾前防灾、灾中防损。

2.2.1 我国洪水风险管理

洪水灾害风险管理是指综合利用法律、行政、经济、技术、教育与工程手段,合理调整人与自然之间基于洪水风险的利益关系[1]。其主要目的是降低洪水灾害风险,减少灾害损失,确保人民生活生产的安全。

随着社会进步和科技的发展,世界各国普遍采取了工程措施与非工程措施相结合的洪水灾害风险管理对策。工程措施是指通过修筑堤坝和水库、河道整治、植树造林、改造坡地等措施降低洪水灾害发生的概率、减少洪水灾害带来的损失,是抵御洪水最直接有效的手段。非工程措施是指通过法令、政策、行政管理、经济手段、技术手段等工程以外的其他措施减轻洪水灾害损失,包括:洪水灾害预报、监测与预警,灾害应急,洪水保险,紧急救助,减灾规划,减灾教育与立法等。

我国政府制定的洪水减灾建设基本方针是:以防为主,防灾、抗灾和救灾相结合;以群众为主,群众、集体和国家力量相结合;以生产自救为主,生产自救、互助互济和国家救济扶持相结合。

2.2.1.1 行政管理机制

我国洪水灾害风险管理的行政管理是在中央政府的统一领导下,上下分级管理,部门分工负责,防灾、抗灾、救灾相结合的模式,涉及部门包括气象、水利、民政、军队、交通、通信、国土、发展改革委等,并设立了减灾部际协调机构——国家减灾委员会。

我国防汛抗旱领导、组织机构为国务院领导下的国家防汛抗旱总指挥部。下设办公室作为其办公机构,负责管理全国防汛的日常工作。各省、市、县成

---

[1] 程晓陶,2001、2002、2003、2004。

立了防汛抗旱指挥部，大部分的防汛指挥部办公室都设在应急部门。

我国水资源管理实行流域管理与行政区域管理相结合的管理体制。流域机构包括流域水利委员会（或流域管理局）和流域水资源保护局。流域机构主要负责区域内的水资源统一管理、流域规划、防汛抗旱、河道管理等。

2.2.1.2 主要实践进展

新中国成立后，我国洪水灾害管理的基本思路逐步从"控制洪水"向"协调人与洪水关系、适度承担风险、合理利用洪水资源"的综合风险管理的方向转变。下文从工程措施和非工程措施两方面分析我国洪水灾害风险管理实践。

（1）工程措施

新中国成立以来，党和政府十分重视防洪减灾工程方面的建设，尤其是1998年长江流域大洪水以后下发了《中共中央　国务院关于灾后重建、整治江湖、兴修水利的若干意见》，对灾后重建、整治江湖、兴修水利作出了具体部署，大规模实施了平垸行洪、退田还湖、移民建镇等措施。

表 2-1　　　　　　　1990—2009 年我国水利工程建设情况

项目	1990年	1995年	2000年	2005年	2009年
堤防长度（万千米）	22	24.7	27	27.7	29.1
堤防保护面积（万公顷）	3200	3060.9	3960	4412	4654.7
水库（座）	83387	84775	85120	85108	87151
水库库容量（亿立方米）	4660	4797	5184	5624	7064
年底灌区数（处）	5363	5562	5683	5860	5844
灌区有效灌溉面积（万公顷）	2123.1	2249.9	2449.3	2641.9	2956.2
除涝面积（万公顷）	1933.7	2006.5	2098.9	2133.9	2158.4
水土流失治理面积（万公顷）	5300	6690	8096	9465	10454

数据来源：2010年《中国统计年鉴》。

堤防建设——开展了大规模的水利防洪工程建设，初步形成了江河干支流的控制性枢纽工程、河道堤防工程、蓄滞洪区为主体的较完整的防洪工程体系。截至2009年，我国已拥有各类堤防（含海堤）29.1万千米。

水库建设——修建了一系列承担防洪任务的综合利用性水库，截至2009年，全国已建成各类水库87151座，总库容7064亿立方米，其中大型水库544座、中型水库3259座、小型水库83348座。

蓄滞洪区建设——长江、黄河、淮河、海河等主要江河流域共有蓄滞洪区98处，总面积3.45万平方千米，总容积达到1000亿立方米。

灌溉工程——截至2009年，中国已建成大型灌区5844处，灌区有效灌溉面积2956.2万公顷，除涝面积2158.4万公顷。

城市防洪——对一些沿江、沿湖和沿海的重要城市还进行了防洪、防潮工程建设。全国639座有防洪任务的大、中、小型城市，有299座通过防洪工程建设达到设防标准。

（2）非工程措施

政策法规建设——我国已经颁布了《中华人民共和国防洪法》《中华人民共和国水法》《中华人民共和国河道管理条例》《中华人民共和国防汛条例》《蓄滞洪区运用补偿暂行办法》《蓄滞洪区安全与建设指导纲要》等法律法规，初步形成了国家和地方防洪法制体系，使我国的防洪管理和洪水调度逐步规范化、制度化、法治化。

减灾规划——国务院相继批复了七大江河防洪规划和淮河、永定河、大清河防御洪水方案[①]，以及《全国蓄滞洪区建设与管理规划》等相关蓄滞洪区建设规划。1998年，国务院颁布实施了《中华人民共和国减灾规划（1998—2010年)》。

预报预警——已经基本实现了雨情、水情的定时、定点、定量预报。我国水文动态与洪水灾害监测与预报网络基本上已覆盖全国大部分地区，各主要专业部门均初步建立了"中央—省—地级市"三级自然灾害监测网络。全国有水文站2万余处，报汛站点8000多个。

应急响应——建立了不同层级的防汛抗旱指挥部，协调地方各部门、军队和全社会的力量，并实行了行政首长负责制，确保应急对策的有效实施。初步建成了防汛指挥调度通信系统。2006年，国务院发布《国家防汛抗旱应急预案》，相关的流域机构和地方政府在此基础上制定防汛应急响应的预案制度。

救灾救济与社会捐助——已经形成了一套以生产自救为主、国家救济为辅、动员鼓励社会捐助的救灾管理制度。我国灾害救灾救济工作进展显著，民政部于2003年出台《民政部应对突发性自然灾害工作规程》，2004年制定了

[①] 中央政府门户网站（www.gov.cn），2010年1月19日。

《国家自然灾害救助应急预案》,全国救灾应急预案体系和紧急救援响应机制基本形成。

灾害风险分析与评价——我国的洪水风险图编制工作陆续开展了相关试点工作。水利水电科学研究院从1984年以来已经先后完成了永定河泛区、辽河中下游地区、黄河北金堤滞洪区和东平湖分洪区、淮河蒙洼分洪区、珠江的西江流域等地区的洪水风险图以及沈阳市和广州市的城市洪水灾害风险图等。水利部在2013—2015年开展了《全国重点地区洪水风险图编制项目》,编制完成了全国49.6万平方公里重点防洪区的洪水风险图,目前正在继续推进后续项目的立项。

洪水保险——洪水保险是运用保险这种市场化、社会化的风险管理手段分担洪水灾害风险的一种重要方式。建设洪水保险制度是洪水灾害风险管理的重要组成部分。《中华人民共和国防洪法》明确规定"鼓励、扶持开展洪水保险"。洪水保险的相关内容将在下一节进行详细阐述。

减灾教育——国家减灾中心通过深入开展"社区减灾"活动、创建"减灾示范社区"等工作,积极加强了社区、学校和农村基层减灾宣传教育工作,通过培训、制订预案、演练、知识竞赛等活动,努力提高了基层组织的灾害管理水平,增强了居民自救互救能力,提高了全民防灾减灾意识。

2.2.1.3 洪水保险

新中国成立以来,原中国人民保险公司在多个省区试办包括农业保险在内的财产保险业务,其保险责任大多都涵盖洪水灾害。20世纪80年代初恢复保险业务以来,对洪水保险开展了积极的研究,并进行了多种形式的尝试,积累了一定的经验和教训。这些尝试包括:中国人民财产保险公司的商业性的财产保险和水利工程保险,由国家补贴的淮河行蓄洪区保险,民政部的政策性农村救灾保险,浙江海塘保险,等等。

1972年,中国人民保险公司把水灾损失列为自然灾害保险的一项,纳入了赔付的范畴。但自1996年以来,国家已7次下调银行利率,再加上1998年长江大洪灾后赔付工作面广、量大,给保险公司造成了很大损失。

1985年11月21日,经国务院同意,安徽省在淮河流域开展了洪水保险试点工作,参加单位由水电部、财政部、中国人民保险公司以及后来的民政部。在试点期限内,一旦行洪,农作物直接受淹的损失部分,将由中国人民保险公司按照保险条款的规定负责赔偿。国家不再拨付农作物直接水淹损失部分的救济费；同时，作为先决条件，行滞洪区的围堤堤顶高度不得超过国家制定的标准，超高者必须铲除。

1985—1993年，我国民政部门在农村推行农村救灾保险，这是与洪水保险相关的政策性保险。1982年12月，江西省波阳、丰城、临丰三县的7个村成立了"自然灾害互助储金会"，这是最早的农村救灾保险试点。随后，试点得到了一定的推广，在全国共设立了102个试点县。试点期间，针对不同区域探索出不同的保险模式，如商业性保险模式、借贷保险模式、互保共济模式和储量储金模式，对我国开展洪水保险有一定的参考价值。

1992年，浙江省防汛抗旱指挥部和保险公司联合对海塘工程保险进行调研和建议，浙江省政府同意对浙东沿海已建成的标准海塘实施工程保险。但这次尝试不太成功，仍有待进一步研究。

在洪水保险研究方面，国内也开始做了相应的工作。分别从我国洪水保险的模式与体制、洪水保险费率制定、洪水保险标的、洪水保险区划等不同方面，还有由水利部负责编制的部分地区的洪水风险图等，开始进行了区域洪水保险的初步探讨和试验研究。

2013年11月12日，党的十八届三中全会通过《中共中央关于全面深化改革若干重大问题的决定》，明确提出"建立巨灾保险制度"。2014年3月5日，李克强总理在政府工作报告中提出要"探索建立巨灾保险制度"。2014年8月13日，国务院《关于加快发展现代保险服务业的若干意见》正式发布，确立"建立巨灾保险制度"的指导意见。2014年7月，深圳首先开始巨灾保险试点，此后，浙江宁波、云南、四川、广东、黑龙江等地相继开展巨灾保险试点，我国巨灾保险试点工作拉开帷幕。

国外现行的洪水保险模式，按照政府与保险公司在洪水保险体系中的定位分类，主要分为以美国为代表的"政府主导、公司代办"模式、以英国为代表的"政府配合、市场运作"模式和以法国为代表的"政府补贴、商业经营"模式三种典型模式。目前，国际上已经有10多个国家和地区建立了巨灾保险制度，有许多经验值得借鉴。我国学界的主流观点认为，构建以"政府为主导、以市场为主体"的整合性巨灾保险体系是最符合我国国情的巨灾风险管理模式。

2.2.2 国外水灾风险管理

美国、英国和法国等发达国家在洪水灾害管理方面具有丰富的经验和完善的应对机制，这些国家的经验可以为完善中国水灾风险管理体制提供较好的参考。

2.2.2.1 美国

完善的水灾管理体制。美国水灾风险管理行政体制是由联邦、州级政府和专门的应急机构组成，各级机构各司其职，分工负责。联邦紧急事故管理总署（FEMA）负责国家洪水灾害保险计划的实施，其总部设有应急指挥中心，组织形式类同于我国国家防汛抗旱总指挥部及其办公室。其使命是减少生命财产遭受的灾害损失；保护所有国家重要基础设施免于灾害；主导、配合综合应急管理措施的执行。FEMA 负责制定洪水保单、洪水保险图、洪泛区居民迁移标准，评估社区的《国家洪水保险计划》（NFIP）执行情况，并为地方政府、企业和居民提供技术支持。州政府依法自行制定和执行关于洪水管制的法规，为各地方政府防洪措施提供技术支持与服务。负责各自区域内的水灾防治、预警监测、水利计划等各项工作的组织实施。专门的应急机构包括水资源委员会、垦务局、陆军工兵团负责水情调查与发展、水利工程建设、水灾救助与安置等具体事务。各地方政府主要是监察洪泛区情况，向 FEMA 报告，以修正 NFIP 的不足和缺陷。

系统的水灾法律体系。20 世纪 30 年代以来，美国联邦政府陆续颁布了多部全国性的水灾防治法律法规，美国国会 1956 年通过了《联邦洪水保险法》，创立了联邦洪水保险制度。1968 年通过了《全国洪水保险法》，次年出台了《国家洪水保险计划》（NFIP），建立了国家洪水保险基金，并组建了联邦保险管理局（FIA），负责全国洪水保险计划。1973 年 12 月，美国国会通过《洪水灾害防御法》，将洪水保险计划由自愿性改为强制性。在 1994 年和 2004 年，两次出台《洪水保险改革法案》，具体内容包括：大幅度提高洪水保险的保险金额，使被保险人得到充分的保险保障；将洪水保险生效前的等待期从 5 天延长至 30 天，以减少投保人潜在的逆选择倾向；禁止向第一次被淹后仍没有购买洪水保险而又第二次被淹的居民发放联邦灾难救助等规定，进一步促进了洪水保险的发展。各州在联邦法律的基础上，另行制定各州的相关法律法规，进而形成了联邦和州两级完整的洪水灾害防治法律体系。特别是2005年卡特里娜飓风之后，美国进一步完善其洪水灾害风险分散机制。迄今为止，联邦和各州政府总共颁布了1000多部洪水灾害防治法律法规，内容涵盖了洪水预警、防洪工程规划、灾害救助、灾害风险分担等方面，从灾害预防到灾害发生、救助的全过程均有法律保障。

完备的水灾综合防范体系。第一，注重防洪工程建设。从20世纪30年代开始，美国开展以防洪抗灾为主的大规模水坝建设，兴建了多座世界著名的水利枢纽工程。以美国最大的内河密西西比河为例，在整个流域兴建了3500千米以上的干流堤坝和4000千米以上的支流堤坝，还兴建了仅次于中国三峡大坝的胡佛大坝，以及区域性的防洪分流工程、支流水库工程等。整个干流、支流堤坝与大型防洪工程连为一体，形成了一个完整的防洪工程体系，兼具防洪、发电、灌溉、水土保持等多种功能。这些工程能够覆盖美国40%的国土面积，能够灌溉土地606.7万公顷。体系化防洪工程的建设，减少了水灾发生的概率以及风险。第二，注重预警预报机制建设。早在1936年，美国就成立了联邦、州两级预警预报中心，专门负责水灾水情的预警预报工作。到二十世纪七八十年代，贝叶斯定理（Bayesian）被广泛应用于洪水灾害预警预报，美国的水灾预警预报更加科学和准确。当前，联邦气象局负责全国的洪水预警预报工作，该机构在全国范围内设立了2500多个监测点，覆盖了全国2万多个洪水易发区域，能够保证90%的国土及时得到水灾预警预报。其预警预报的精确度也在提升，当前重大水灾预警可以提前十几天发现，空间上的精确度能够达到80千米，频率更新速度达到每10分钟一次。第三，注重应急响应机制建设。美国的应急机制极为完备，特别是从"9·11"事件之后，在全国形成上至联邦国土安全部，下到各州、县、社区的四级预警应急体系。应急响应机制针对突发事件（包括洪水灾害），明确了联邦、州、县、社区、个人的责任及应该采取的措施。地方县级政府是应急响应机制的第一依托，全面承担起辖区范围内的应急响应及救援救助工作，州级政府和联邦政府按照各县级政府要求，提供相应的人力、物力、财力和技术等方面的支持。如果遇到重大灾害，经过总统授权，联邦军队和海岸警卫队可以参与救援。

完整的保险运作模式。美国的洪水保险的承保主体经历了一个由商业保险公司到政府的转变过程。19世纪末20世纪初，美国保险业得到了迅速的发展，为了吸引更多的保费，商业保险公司将洪水灾害的损失也积极列为保险赔付的范畴。20世纪20年代后期，美国一些保险公司因大洪水遭受了灾难性的损失，从此商业保险公司对洪水保险的热情迅速冷却，只受理汽车和活动房屋的洪水保险。

1968年，美国国家洪水保险基金建立之后，FIA与国家洪水保险者协会建立了合作关系，该协会是120多家私营保险公司的联合体。国家洪水保险者协会负责经营洪水保险，联邦政府对保险费收入和实际支出的差额给予补助，并承担超过私营保险公司财力的赔偿费。为了加强国家洪水保险计划的推进力度，1973年颁布的《洪水灾害防御法》将洪水保险计划由自愿性改为强制性。美国国家保险计划的强制性并非"不管愿意与否都必须参加的保险"，而是权利与义务的统一：如果不参加国家洪水保险，则无权享受国家的救灾贷款和救灾补助款。救灾补助款往往是更有吸引力的经费来源。1977年底，FIA解除了与国家洪水保险协会的合作关系。目前，美国国家洪水保险计划是"政府主导、公司代办"模式，由参加自行签单计划（WYO）的私营保险公司代理出售洪水保单，并将售出的保单全部转给FIA，所收取的保险费由FIA统一管理和使用；商业保险公司按保单数量获取佣金，并不承担保险赔偿责任，政府负责对赔偿限额内的责任进行赔付。这一模式充分地利用了私营保险公司的业务网络。目前，全美洪水保险计划95%的保单是通过WYO公司出售的。当发生特大洪水灾害、损失超过历史水平时，NFIP可以向财政部申请借用不超过15亿美元的有息贷款，同时国会可酌情拨款资助。

保险实施方案。投保条件：《国家洪水保险法》规定只有充分实施洪泛区管理条例的社区才有资格参与NFIP。社区必须执行联邦政府有关洪泛区管理的法规，规范新的建设项目，确保位于特定洪水危险区内的建筑物洪水风险得到实质性的改善等方式获得参加NFIP的资格。取得参加NFIP资格的社区方可与联邦政府签订洪水保险协议。对于位于特定洪水危险区并已经获得国家洪水保险计划的社区，如果在一年内不参加该计划，那么该社区就不能再获得NFIP。此外，为了有效引导位于特别洪水危险区的社区参加保险，联邦政府禁止任何官员和机构批准在其特定洪水危险区内实施任何形式的财政援助。同时，社区参加国家洪水保险计划是其社区居民参加保险的先决条件，只有参加了全国洪水保险计划的社区居民才可购买洪水保险。

保险费率。NFIP 保险费率按照全国分区的方法进行计算，计算依据是历史洪水损失经验数据的分布。为了实施国家洪水保险计划，FEMA 花费了大量精力，绘制了洪水风险图，并根据情况的变化，不断修订，确定洪水风险区、风险率及相应的洪水保险费等级。洪水风险区边界图大致确定一个社区的洪水风险研究范围，再通过更为详细的水文、水力学计算，确定特定洪水风险区域内的水位、水深分布，对洪水区域进行分级。对处于不同洪水风险级别的区域，实行不同水平的保险费率。大多数洪水保险费等级地图只包括一个社区。一个社区可以是一个县或几个县。1994 年，美国国会通过了《全国洪水保险改革法》，批准了社区等级计划（CRS），通过费率优惠的方式鼓励洪灾预防措施的实施。社区等级计划按照地方政府所采取的洪灾预防措施情况，将社区划分为等级 1～10 级，等级越低，表示该社区所采取的洪灾预防措施越多。初始参加 NFIP 的所有地方政府都设置为等级 10，表示他们已经满足了国家洪水保险计划洪灾预防措施的基本要求。如果地方政府采取了进一步的洪灾预防措施，就可以通过递交申请，申请更低的社区等级。每降低一个等级（如从等级 10 降低到等级 9），该社区的洪水保险费率可减少 5%，最大可减少 45%。目前获得最低等级的地区是俄克拉荷马州的塔尔萨地区，其等级是 3 级，这意味着该社区物业主交纳的洪水保险费率减少了 35%。美国的洪水风险图以城镇、社区、郡为基本单位，主要分为洪水保险费率图和洪水淹没边界及洪水通道图两大类。洪水淹没边界及洪水通道图基于详细的洪水风险分析，是实施洪泛平原管理的依据。洪水保险费率图是联邦应急管理署提供的用于开展洪水保险和实施洪泛平原管理的地图。基于详细或近似的分析，该图用于标示一个社区内可能遭受 100 年一遇洪水淹没的区域，同时还显示洪水保险等级区，用于精算洪水保险费率。在开展了详细洪水风险分析研究的区域，洪水保险费率图还会标示基准洪水位，反映 100 年一遇洪水的水位信息。对于开展详细分析的社区，洪水保险费率图上还会标示 500 年一遇洪水淹没区域边界以及调节性洪水通道区域。作为基本数据的洪水保险费率图可以保证家庭和企业所有者、贷款人、洪泛区管理者以及其他人作出可靠的决定。可靠的洪水危害数据是国家洪水保险计划精确计算的基础，从而使得洪泛区管理者的决策趋于科学和高效。美国洪水风险图的主要应用目标是开展洪水保险，因此洪水保险风险区是风险图的主体内容，主要用于确定某一社区内财产的保险费率，也被称为保险费率精算区和洪水保险等级区。而数字化的洪水保险费率图则通过 GIS 提供丰富而完整的信息，便于进行更新和维护。

责任范围。美国国家洪水保险对象包括居民财产、小型企业财产，但不包括大型企业财产。承保标的主要为有墙有顶的建筑及内部财产，但不包括完全在水上的建筑与地下建筑、动物、庄稼、露天设备、机动车及地下室里的财产等。保险责任包括由于江河泛滥、山洪暴发、潮水上涨以及所引发的泥石流对建筑物及其部分财产所引起的泡损、淹没、冲散、冲毁等造成的直接损失。按照美国国会 1994 年通过的《国家洪水保险改革法》，美国国家洪水保险的最高承保限额为：居民住宅性房屋不超过 25 万美元，室内财产不超过 10 万美元；小型企业非住宅性房屋不超过 50 万美元，室内财产也不超过 50 万美元。无论是房屋本身还是室内财产，在计算赔偿金额时均要扣除 500 美元的免赔额。限额以内的赔偿责任全部由政府承担。对于列入国家洪水保险保障范围但其价值超过国家洪水保险赔偿限额的财产，其所有者可根据自己的需要将超过限额的财产价值向私营保险公司投保商业性财产保险。对于国家洪水保险保障范围之外的家庭财产，其所有者也可自行决定是否向私营保险公司投保商业性财产保险。

保险索赔。与商业保险一样，参加全国洪水保险计划的投保人在发生保险事故时，必须在规定时间内向保险人提交索赔申请和损失证据。保险人在接到索赔申请后可通过独立理赔人或本公司的理赔人进行损失鉴定。对于全国洪水保险计划发售的保单，联邦紧急事务管理署为提高理赔效率，专门培训了一批损失评估人员，并在全国组织了一批具备损失评估能力的志愿人员，由他们来承担洪水灾害损失的评估责任，这种高效率的理赔为国家洪水保险计划赢得了良好的声誉。

效果评价。洪水保险计划既是保险保障措施，又是作为国家对洪泛区进行管理的重要经济手段。由于洪泛区内的土地价格低廉，容易激起投资者的投资热情，造成洪泛区过度的开发。一旦洪水灾害造成重大损失，联邦政府又会根据法律承担救助的义务，从而进一步激励了投资者的逆向选择。因此，美国把洪水保险作为非工程的防洪措施引入国家对洪泛区进行管理的政策体系，通过对社区和个人的双重经济激励，鼓励地方政府加强洪泛区的管理。全国洪水保险计划将改善洪泛区土地管理和利用，把防洪减灾措施作为社区参加洪水保险的先决条件，再将社区参加全国洪水保险计划作为社区居民参保的先决条件；而参加全国洪水保险计划是取得联邦政府灾害救助的前提条件。这就对地方政府形成双重的压力，如果不遵守联邦有关防洪法令并采取防洪措施，就会失去联邦政府的经济支持，同时也会失去社区选民的选票。这会促使地方政府加强洪泛区管理，使全国洪水保险计划达到分担联邦政府救灾费用负担和减轻洪灾损失的双重目的。

美国模式的优点：政府主导性强，在全国范围内强制推行洪水保险，集中管理，高效调剂使用保险经费；利用了商业保险公司现有的专业优势及广泛的营销网络，大大降低运营成本，而且商业保险公司只负责保单的承保和理赔工作，不承担赔付风险，因此积极性较高。

美国模式的缺点：风险完全由政府承担，国家财政压力很大；没有充分发挥商业保险公司承担损失、分散风险的优势。

2.2.2.2 英国

英国是大西洋中的一个岛国，属温带海洋性气候，全年降雨丰沛，长度超过100千米的河流大约30条，算上四周沿海地区，可能遭受洪灾的面积很广。据英国保险协会统计，随着全球气候变暖，面临洪水威胁的住宅可能增加到350万户。针对洪水保险，英国的保险界认为，在标准保单中承保洪水风险，有助于在更为广泛的保险集合中分散风险，从而可以将保险成本保持在尽可能低的水平上，使洪水保险具有可行性。英国的保险业已经积累了相当丰富的承保经验，各种专业技术和管理手段十分发达，承保力量雄厚，是世界再保险市场的中心之一，这也为洪水的市场保险机制能够在英国有效运行提供了必要的保证。此外，为了进一步推动洪水保险的发展，英国政府承诺并修建了一系列洪水防御设施，积极从事洪水风险评估、气象研究等，积累了大量的洪水风险资料。事前的防御措施和资料积累使洪水风险具有了一定的可保性。

法律体系。英国的洪水保险由商业保险公司承保，并由商业保险公司承担全部赔偿责任。在政府和保险公司达成这样一种合作机制之前签订了一份"君子协议"，即2002年9月25日英国保险协会公布的《洪水保险供给准则》，政府承诺建立有效的防洪体系，并及时提供有风险水平和改建项目的准确信息，使损失控制在可控范围内；保险业则承诺面向位于洪水风险区域的居民和小企业开办洪水保险,把洪水风险纳入居民家庭及小企业财产保单。

组织机构。虽然英国的洪水保险市场化程度很高,政府不参与洪水保险的日常运营和管理,不承担有关风险,但英国保险业与政府之间有紧密的合作关系。英国保险协会与政府达成协议,政府不参与洪水保险的运作,它的职责是投资防洪工程,并向商业保险公司提供相关地区洪水风险评估、洪水灾害预警、气象研究与洪水风险相关的信息和资料,从而使这些地区的洪水风险成为商业保险公司可以按照商业原则经营的商业性可保风险。

运作模式。英国的洪水保险采取市场化经营模式,即私有保险公司提供巨灾保险服务,各个公司根据自己的统计数据进行所有的精算计算,没有标准的保费水平和免赔额,同时对巨灾风险的保险业不是强制的。一般地,私营保险公司自愿地将洪水风险纳入标准家庭及小企业财产保单的责任范围,保险公司通过再保险进一步分散风险,投保人可以在市场上选择保险公司投保。

英国洪水保险的风险主要通过再保险进行分散,再保险也是由商业保险公司提供。由于没有政府资金的支持,保险公司的资金主要来自保费收入、投资收入和再保险的赔付,因此再保险作为风险的第二次分散,在商业化的巨灾保险体系中起着非常重要的作用。如果再保险公司退出,保险业协会就会对洪水保险的供给进行调整,以保证洪水风险定价及赔付的均衡性。

实施方案。洪水保险的保障范围以居民住宅和家庭财产为重心,小企业也被纳入承保对象的范围。在保单定价上,英国的洪水保险基本上是严格按照标的的实际风险水平收取完全的精算费率,财产所处地区、建筑物的类型、用途与结构等因素都会直接影响费率的高低。由于英国将洪水风险纳入了标准保单的承保范围,所以洪水保险的成本是很难识别的。利用完善的精算技术和核保技术,厘定与标的风险水平相匹配的费率,不仅可以保证费率的充足性,进而保证保险体系的偿付能力,而且可以体现公平合理的原则,有利于加强防灾减损的动力,并在某种程度上规避逆向选择。洪水保险的销售和服务是通过直接保险公司的分销网络完成的。

英国保险业把洪水风险纳入标准住宅及小企业房屋财产险保单的责任范围,投保人可任意选择保险公司投保,保险公司通过再保险进一步分散风险。在没有大灾的年份,英国保险业年均受理洪灾理赔1.37万起,每起赔付金额平均2万~3万英镑。

英国的洪水保险具有捆绑式和强制性两大特征。英国把包含洪水在内的所有自然灾害风险捆绑到一个保单中，顾客购买住宅保险时必须购买全部险种，不能因为当地洪水风险低而剔除洪水保险。捆绑式保单有助于防止投保人的逆向选择。业主只有购买了住宅保险才能获得抵押贷款担保。强制性使洪水风险可以在所有住宅投保人中进行分散，从而使单个家庭购买洪水保险的支出大大降低，避免了完全按风险精算出的高风险地区保费无法承受的情况。英国90%的家庭有住宅保险，每户年均保费为250英镑，75%的家庭有室内财产保险，每户年均保费为200英镑。英国存在洪水风险的财产比例约为10%，而财产保险的高市场渗透率使洪水保险具有可持续性。在英国金融监管局注册的保险公司有1017家，其中808家有资格做财产保险业务。这些公司在洪水保险市场的竞争，不仅体现在保费价格上，还体现在服务质量上，从而保证了投保人有一定的选择空间。

效果评价。在保险公司、政府的密切配合下，英国洪水保险市场具有高度的竞争性，使保险成本较低，即使采取非强制性投保方式，2002年英国的洪水保险投保率也达到了80%左右。这是英国洪水保险体制最大的成功之处。从保险机制的安排来看，英国的洪水保险是在洪水保单的销售和服务上，私人保险业发挥着非常重要的作用。相比于欧洲其他国家，英国的洪水保险对社会保障承担了更大的责任与义务，洪水风险广泛分散到了商业保险公司与资本市场中。

英国模式的优点：政府将设防水平、预报、预警以及应急响应能力提高到满足商业保险公司运作的水平，利用商业保险公司营销网络广、再保险方式灵活和资本市场作用，充分分散风险。

英国模式的缺点：商业保险公司有权利拒绝承保，难以保障洪水保险的覆盖面；完全市场化的费率厘定机制可能导致保费过高，保障范围有限；保险公司自身应对巨灾风险的能力十分有限，对再保险和资本市场的依赖很重，有可能导致保险公司偿付能力不足，甚至破产。

2.2.2.3 法国

法国受多种自然灾害侵袭，其中以洪水灾害最为严重。由于法国的经济活动与河流有着很深的渊源，迫使法国政府长期致力于同洪水灾害进行斗争。20世纪70年代中期，虽然法国理论界当时还有不少人认为洪水等巨灾属于不可保风险，但法国政府开始尝试通过保险机制解决洪水和地震等巨灾风险。

法律体系。法国自然灾害保险制度始于1982年的《自然灾害保险补偿制度》，经过数次修改，扩大了强制承保范围和运作细则。根据2002年《自然灾害保险补偿制度》法案，制定了现行的法国自然灾害保险制度。

组织机构。法国巨灾保险的组织机构为国家和民间保险公司。法国共有480多家保险公司，其组织形式有国家公司（4大企业集团）、民间公司、联合体、外资公司四种。另外，法国建立了国有再保险公司——法国中央信托再保险公司（Caisse Centrale de Reassurance，CCR），代表政府提供全面性无限制的再保方案。

根据《自然灾害保险补偿制度》，CCR主要任务如下：设计自然灾害再保险方案，并执行自然灾害业务核保、费率厘订及再保险合约管理事宜；针对不确定风险暴露及财务风险补偿成本，研究具体改善措施；针对重大自然灾害事故，研究其经验重现期；执行中央政府跨部门工作小组有关自然灾害业务的行政工作。除此之外，CCR还充当着政府与保险业间的桥梁，研讨补偿机制相关的修正或调整事宜。因为对于法国所有承接自然灾害保险的保险公司而言，CCR是绝对安全的保障和理想的分保人，所以保险公司依照自己的情况，在自留部分承保风险后，普遍选择CCR进行自然灾害保险分保。

CCR提供的巨灾再保险分为二层：

一是比例性再保险。保险人分出某一比例的保险费给CCR，一旦有损失发生时，CCR也承担该比例的赔款。这部分保险保障是基于再保险人与保险人同一命运原则，有效避免了可能产生的逆选择。

二是停止损失再保险。承保保险人比例再保险未分出的部分，保障保险人发生频率较高的损失。

运作模式。法国采取的是国家与市场合作的重大自然灾害保险模式。承保范围包括洪水、地震、地层滑动、泥石流、海啸、雪灾、旱灾以及飓风、冰雹等非常广泛的领域，是一项综合性的巨灾保险计划。法国政府强制投保自然灾害保险，通过扩展现有财产险（包括火险、机动车辆险、营业中断险等）保单保险责任的方式，即任何投保人购买上述产险保单都被强制要求购买自然灾害附加险。

实施方案。商业保险公司实行单一费率，这一费率由政府确定并包含于财产险保单费率，各公司可根据自身承保政策决定免赔率，但法律中规定了免赔率的下限。1983年，其巨灾保险的加费幅度为居民和商业财产火灾保险的5.5%～9%，而后增加到12%。

效果评价。法国政府不直接参与洪水保险业务，而是利用政策支持和引导，并利用再保险方式规避商业保险公司的巨灾风险。同时，政府通过一系列洪水防御措施，在土地利用、建筑标准、应急管理等方面提供防洪保障，降低洪水风险等级。

法国模式的优点：自然灾害的保险损失由商业保险公司和国营的中央再保险公司共担风险。法国的这种危险转移和风险财务安排，既确保私人保险公司拥有足够的保费收入承担大部分责任，又保证中央再保公司有稳定的平衡准备金提供最后的无限担保，缓解了保险公司经营巨灾风险的后顾之忧。

法国模式的缺点：法国自然灾害保险制度采取强制投保和单一附加费率方式筹集应对巨灾的资金，任何被保险人不论其自然灾害暴露程度如何，投保"火险""其他风险"或"营业损失险"的所有资产和陆上机动车辆都必须购买巨灾保险，对于同种财产和同样的保单，全国以相同的费率计收附加保费，缺乏保费公平性体现。

2.2.2.4 发展中国家

发展中国家也在积极探索解决洪水灾害问题，均探索适合自身国情的发展模式，通过包括洪水保险在内的灾害风险转移机制进行洪水灾害的风险管理，这些经验值得思考和借鉴。

印度是世界上受灾最严重的国家之一，平均每年有1860万平方千米土地受洪水影响。恒河与布拉马普特拉河平原基本上每年都有洪水发生。一般情况下，造成几百人死亡，上百万人无家可归，几十万公顷的土地受损失。1965—1980年，印度自然灾害损失为29亿美元；1988—1997年，印度每年受灾人数为2479万人，平均每年死亡人数为5116人，因灾死亡人口占亚洲因灾死亡人口的24%。自然灾害引起的损失逐年增大，其中，洪水灾害引起的损失最大，约占60%。1996—2001年的短短5年间，印度自然灾害损失达到了130亿美元，约为GDP的2%或国家财政收入的12%。1998年，自然灾害使3400万人受灾、9846人死亡。

1954年洪水后，印度政府在计划、灌溉及电力等部的提议下，出台了两个文件。(1) 问题与对策 (Floods in Indian – Problems and Remedies);(2) 印度洪水 (Floods in the Country)。这两个文件目的非常明确:通过遏制与管理洪水,消除洪水对印度的威胁。1957 年 12 月,洪水管理高层委员会 (High Level Committee on Floods) 提交了一份提案,1958 年 5 月,中央洪水控制管理委员会 (Central Flood Control Board) 第七次会议通过该提案。由于认识到现有的工程措施很难一劳永逸地完全消除洪水灾害,建议对洪泛平原区划 (Flood Plain Zoning)、洪水预报预警等非工程防洪减灾措施给予更大的重视。强调防洪规划 (Flood Control Scheme Planning) 应当综合考虑其他水资源规划的要求。尽管单一堤防工程措施能对洪泛区进行很好的保护,堤防工程、水库、蓄滞洪区组成的综合防洪体系是更为有效的防洪措施。

1964 年 2 月,印度政府成立了一个部长级洪水控制委员会 (Ministerial Committee on Flood Control)。该委员会回顾了 1954 年以来的国家洪水控制政策,建议重视非工程措施的建设,具体包括洪水预报预警、洪泛平原区划、洪水保险等;研究多目标水库对防洪与泥沙截留的作用,限制占用洪泛区的行政措施,尤其强调洪泛平原区划与洪水频率研究。

2002 年,印度国家水政策报告 (National Water Policy) 中提出:(1) 进行洪水控制与洪水管理流域总体规划;(2) 为水库工程建立消力池 (Flood Cushion);(3) 在洪水调度方案的确定中,防洪应是首要目标;(4) 对非工程措施 (Non – Structural Measures) 应给予更多的重视;(5) 对洪泛区的社区建设与经济活动进行严格控制与管理;(6) 加强洪水预报预警。

截至 2000 年,印度总共建了 3.36 万千米堤防、3.79 万千米排灌渠,使 2337 个城镇受到了保护,4713 个村镇的洪水保护标准得到了提高。截至 2002 年,印度政府在非工程措施方面的投资大约为 20.19 亿美元。以下简要介绍印度防洪非工程措施。

印度政府与科研机构对洪水图、洪水保险进行了大量理论研究,包括洪水图的分类与特点,不同洪水图的制作方法以及用途都做了很深入的研究。例如,根据不同洪水管理目的,有多种不同类型的洪水图,如洪水淹没图 (Flood Inundation Maps)、洪水灾害图 (Flood Hazard Maps)、洪水风险分区图 (Flood Risk Zone Maps)、洪泛区划图 (Flood Plain Zoning Maps)。

菲律宾和印度尼西亚也是易受洪水灾害影响的国家,洪水灾害损失非常严重。因两国都是发展中国家,灾害风险承担能力不强,针对两国实际,慕尼黑再保险公司分别在两国进行了洪水灾害小额保险开发计划,重点对容易遭受自然灾害影响的低收入群体进行洪水保险保障。

由上可以看出,一些发展中国家也在积极探索解决洪水灾害问题,均探索适合自身国情的发展模式,通过包括洪水保险在内的灾害风险转移机制进行洪水灾害的风险管理,这些经验值得思考和借鉴。

2.2.3 启示

2.2.3.1 转变风险管理方式,从灾害救助管理向多元化风险管理模式转变

从客观上看,在水灾风险管理体系中,事前预防性质的风险管理方式比事后救助、应急式的管理模式更为科学,且成本更低、后果更轻。比如美国,其水灾风险管理体系是极为成熟的,将预警机制、应急机制、风险转移机制和防洪工程建设等进行了完美的结合,如此成熟的机制可以保障灾害发生之前的预警和事后评估,同时还能够正确掌握灾害发生的原因,从而制定出正确的防灾救灾方案,提升水灾风险管理的科学性。

2.2.3.2 完善水灾风险管理的法律与政策体系,促进风险管理机制的形成

法律与政策是风险管理的基本保障工具,是对水灾风险管理过程、方式、事后处理的一种细致规范。法律与政策体系的完善能够为水灾风险管理机制的形成提供保障,同时也能够推动水灾风险管理过程的规范化、法制化。

2.2.3.3 注重多元化主体参与,保证社会大众的知情权

在灾害管理和防范中,无论哪个国家政府,都必须发挥主导作用。但仅仅依靠政府的作用是不够的,还必须保证社会公众、非政府组织、专家学者的参与度。如此不但能够提升水灾风险管理的科学性,还能够保障社会公众的知情权,能够正确面对灾害的到来。美、英、法三国在水灾风险管理中,政府部门负责发布预警信息、加强防洪工程建设,提供风险转移产品。同时,农业、气候、水文等领域的专家、学者参与交流,社会大众参与主动防范,由此提升了水灾风险管理的科学性,完善了水灾风险管理机制。

2.2.3.4 洪水保险需要政府支持和参与

政府支持包括政策和财政二方面。政府在财政支持上可以量力而行、有

限参与，在政策扶持上有很多方面可以借鉴。结合国情和地区差异，政府参与洪水保险的方式可以有以下多种方式：一是直接参与洪水保险的管理和经营，如美国通过立法强制要求购买洪水保险；二是为保险公司提供再保险或担保服务，如法国、日本和西班牙通过再保险服务提高保险公司的承保能力、降低承保风险，从而促进保险市场更好地发展；三是对洪水保险给予税收支持，如美国佛罗里达州的 FHCF 可以发行免税债券；四是通过提供防灾减灾等公共服务来降低洪水市场风险，从而鼓励保险公司涉足洪水保险，如英国的洪水保险。

2.2.3.5 应充分发挥市场机制的作用

通过市场运作开展洪水保险可以减轻财政压力。从上述各国经验看，无论是政府主导还是市场主导，洪水保险的开展都较大程度地减少了财政直接支出。市场运作还可以有效地提高运作效率，降低运营成本。上述各国均采用了由商业保险公司具体经办的模式，充分发挥了保险公司销售网络和专业技能的优势。同时，市场机制可有效分散风险，提升洪水保险的覆盖面和保障水平。

2.2.3.6 洪水保险只有是全流域的、强制性的保险，才可能成为有效的洪水风险管理的手段

洪水保险是一个特殊的险种：在洪水泛滥的区域里，几乎家家受灾，不具备"千家万户帮一家"的特点，只有在全流域的大范围里，才可能分散洪水风险的负担；在洪灾过程中，可以通过蓄滞洪区的调度运用，牺牲局部，保护整体，因此希望"受益者付酬，受损者得偿"。

2.2.3.7 科学编制洪水风险图，加大洪水保险精算技术的研究工作

洪水风险图是实施全国洪水保险计划的基础依据，不仅用于确定参加的对象，而且用于判断风险的大小以确定保险的费率。美国国家洪水保险计划制定之初，由于缺乏统一标准的洪水风险图，不得不提出一个应急计划，多年无法走上正轨。对处于不同风险区域的居民家庭财产实行不同的费率，较好地体现了公平原则，有利于广泛调动居民家庭投保洪水保险的热情。其结果是既扩大了国家洪水保险受益主体的范围，同时又增加了保费收入，扩大了保险基金的规模，使政府不必投入更多的财政资金即可承担较大的保险责任。

2.3 国内保险水灾风险减量管理主要内容

2.3.1 水灾风险排查

保险公司应与各地气象水文部门建立合作,及时获取当年汛期气候趋势预测,结合历年出险情况,筛选重点区域及企业信息,制定水灾风险普查方案,于汛期前对重点标的进行全面风险普查,提出整改建议,督促客户进行整改。

2.3.1.1 重点客户筛选

风险客户选择标准包括但不限于以下几个方面。

(1) 周边环境:位于低洼易涝地区客户,位于江、河、湖、海附近客户,位于蓄洪区、泄洪区客户,投保标的为孤立建筑的客户。

(2) 历史赔付:续保客户有水灾出险记录的客户,特别是汛期出险频次高、赔案金额大的客户;近3年有暴雨、洪水、台风出险记录的客户。

(3) 行业/标的性质:仓储及简易建筑类客户,易遭受停电影响的冶炼、化工、石化等大型生产企业,保期内主承保的工程险客户,保额20亿美元以上道路、铁路、地铁、水利水电、水库工程。

(4) 经营情况:有停产、停工、产品积压滞销现象的企业,现金流或银行授信出现问题的企业,处于经济下行周期的中小企业。

2.3.1.2 现场风险排查

开展现场风险排查前,负责参与检查的人员应了解客户的基本情况,尤其是应了解企业单位的生产经营和风险特点。应了解企业近3年或近几年遭受洪涝灾害的出险记录,目的是有针对性地找出企业在生产经营中的风险点,从而进行重点查勘。记录应尽量详细、具体,内容包括时间、地点、出险原因、标的名称、损失情况、整改措施情况等。在开展检查时切忌走过场,要认真细致地按照拟订的检查方案进行检查,认真填写检查表单,并对被保险单位做出客观评判,提出客观、合理、可行的整改建议。

水灾风险的现场排查应按照既定流程,主要从企业周边环境、风险要素、建筑、存货、防台防汛措施、防灾防损管理几个方面进行,要点列示如下。

(1) 环境信息:与周边水体距离、厂区地面相比周边地势高差、所处区域地形、是否临近山边山坡、周围有无大型施工工程及其影响。

（2）风险要素：设备水敏感性、有无地下资产、历史水渍线高度、企业经营情况。

（3）建筑：有无投保资产位于低洼区域、厂房所有权性质、建筑结构、是否有露天堆放资产、钢结构建筑年限、门窗是否完好、仓库是否有顶峰错层结构、屋顶排水方式、室内排水管道状况及维护情况、排水沟/井疏通状况、排水沟（管）与河道是否相连、屋顶排水是否通畅、建筑物内部地面是否有水井盖或管渠等。

（4）存货：存货水敏感性、存货存放方式、存货存放位置。

（5）防台防汛措施：厂区雨水排放形式、厂区防汛挡水物资、是否设置紧急排水装备。

（6）防台防汛制度：企业有无汛期抢险救灾应急预案、汛期是否实行24小时值班制度、汛期是否对重点区域进行监控、汛期是否有可行的紧急转移制度。

在对仓库进行水灾风险排查时，应了解厂区内存货的堆放区域、堆放数量、堆放高度、堆放面积，做好存货定位照片拍摄工作，谨防道德风险事件发生。

对于专业性较强的行业或单位，还须聘请专业技术人员参与检查。对于重点险种或比较复杂的业务还可制订专门的检查实施办法，使之更具有针对性。

2.3.1.3 发送整改建议书

对于防灾防损现场检查中发现的风险隐患，保险公司防灾责任人员应及时签发书面的《风险防范整改建议通知书》，向企业说明存在的风险隐患，并提出相应的整改建议，送被保险人签收，督促、协助被保险人进行整改。

2.3.2 临灾风险提示

汛期来临之前，保险公司应向企业提供风险提示函，根据保险人多年积累的大量事故案例，对客户可能面临的风险进行提前告知并提出防范建议，使客户提前做好风险防范工作，及时消除风险隐患。可以根据企业的地理位置将企业分成两类：一类是处于洪水易发区之外的企业，另一类是处于洪水易发区之内的企业。对于洪水易发区之外的企业，企业面临的洪水风险很小，保险公司仅仅提供防止内涝的建议即可。而对于洪水易发区的企业，企业面临的洪水风险远远高于其他企业，保险公司应该给予这些企业更加专业、更加详细的防灾防损建议。提示函的内容可从以下几方面考虑。

2.3.2.1 正确进行雨水管理

短时间内的强降雨过程中，若是雨水疏导不畅，内涝就有可能出现。对雨水的管理，最重要的一点是保证排水系统的通畅。例如，保洁人员要进行周期性的打扫，防止各种碎片、落叶堵塞水篦子，避免堵塞滤污器等；室外存储区需要设置在合理的区域，不要影响雨水进入排水系统；建筑内的排水管线需要安装截止阀，以防止雨水倒灌入建筑。

2.3.2.2 标的的布局要合理

一旦暴雨洪水来临，相对低洼处的建筑和设备自然最先遭到损失。所以，企业应该合理安排布局，相对重要的建筑和设备一定要安排在相对高处，价值高的存货也应该存储在相对高处。另外，应急发电设备、各种配备件、高压设备、各种图纸和手册等资料也应放置在高处。对于油罐等容器，需要考虑到在洪水中产生浮力的影响，还需要考虑到液体和汽体泄漏的影响。

2.3.2.3 优先恢复生产

不仅需要考虑到洪水的预防，还需要考虑到一旦遭遇洪水，企业如何在最短时间内恢复生产。首先，设备设施维护部门是洪水后恢复生产的主要力量，所以，维护部门的仓库、工具需要放置在相对高处，方便洪水后的设备维修和恢复的工作。另外，建筑装饰材料的选择也很重要。对于容易遭受水浸的建筑物尽量使用容易清洁的装饰材料，例如，水泥墙面比石膏墙面容易清洁，瓷砖地面比木质地板容易清洁，金属玻璃门窗比木质门窗更经得住水浸，也更容易清洗等。

2.3.2.4 提出切实可行的预防建议

要充分考虑企事业单位的预防能力，即现有的财力物力和人力及技术条件等，预防建议应该是目前能够完成或实现的，而不是无法实现的。

2.3.3 临灾风险排查

每年汛期前，保险公司各级机构应组织开展年度防灾防损普查工作。根据业务结构、地域、季节、标的种类、风险类型等因素，合理选择防灾防损的策略、措施、方法和技术，组织理赔、产品线、经营单位等相关人员有针对性地开展防灾防损工作。防灾防损工作应全面考虑车险、财产险、责任险、农险等保险标的,从低洼区域、有历史大灾赔付记录、抗风险能力弱、重点企业等维度综合考量,确定防灾防损普查工作对象。

汛期防灾防损工作应将预案执行到位,要有记录、有照片、有视频、有反馈。通过风险排查出具的汛期防灾防损报告,应及时提交给客户,并提示客户按照报告中的整改建议进行风险隐患的整改。现场风险排查要对企业风险现状及整改建议进行翔实描述。

防灾防损工作要明确划分责任区域和具体责任人,将总体防灾防损工作细分到部门、包干到人,确保任务分解到人、责任明确到人。具体责任人由经营单位、产品线和理赔等部门相关人员担任,责任范围应细化到具体的区域、企业、车库、低洼地带等承保标的,绘制防灾防损工作任务图,保证承保标的的全覆盖。针对水库泄洪影响区域,保险公司所在地经营单位负责人应亲自负责,落实泄洪预案关键举措。一方面,随时关注水文情况,与政府、水库负责人做好沟通和协调;另一方面,根据雨量情况以及可能泄洪情况,提前预判可能波及的企业、民房等保险标的,采取有效措施减少因泄洪所造成的损失。

2.3.4 向客户提供预警信息服务

保险公司各级机构应在按照气象局预警信息发布标准开展预警的基础上,加强与当地防汛指挥部、气象、水文、地质、农业、林业、海洋等政府部门相关机构的沟通联系,密切关注其发布的汛期各类灾害预警信息,掌握所辖区域主要江河流域的实时和预报降水和水文信息、关注台风影响路径,对可能出现暴雨洪涝乃至严重汛情的区域及时发布相应级别的灾害预警,并启动相应级别的响应。响应内容包括向客户提供预警信息服务、向客户发放临灾风险提示函、实地走访客户开展临灾风险排查、协助客户进行物资转移等施救工作。

2.3.5 抢险施救

在主汛期,一旦获得当地"防总"及水文、气象部门发布的重大灾情预报,各级公司应立即启动临灾应对预案,防汛领导小组应立即宣布进入抗洪救灾紧急状态。一是合理安排人员,全力以赴做好抢险救灾准备。二是针对负责的重点客户单位、重点地段实际情况,分头分片责任到人,与被保险人共同研究施救方案，提前设计好物资准运路线，联系物流、仓库等机构，督促、协助保户做好财产施救工作。对整体难以拆卸搬迁的机器设备，应指导被保险人对机器设备关键部位进行拆卸或进行保护，以减少保险财产损失。对于不便于转移的财产，如停放车辆、物资库存、机器设备、工程设施等，蹲守人员要做好拍照或录像记录，掌握第一手资料，方便后续理赔处理。三是备足补充防汛抢险器材、物料以及毡盖物品，以保证防汛器材、物料安全地运送到指定地点。四是做好灾后慰问。防灾责任人员应在灾后及时赶赴受灾客户单位进行慰问，并积极商讨理赔方案。

2.4 典型案例：人保财险在"利奇马"台风中的防灾防损工作

2019 年第 9 号台风"利奇马"是新中国成立以来登陆浙江温州、台州地区的最强台风。登陆后移动缓慢并维持了高风速、强降水的特性，风雨综合强度指数为 1961 年以来最大。在山东造成的降雨强度列于历史第一，在浙江的降雨强度列历史第二。"利奇马"造成浙江、山东、江苏、安徽、辽宁等省（市）1402.4 万人受灾，直接经济损失超过 515 亿元，仅次于 2013 年台风"菲特"。在人保集团和公司党委、总裁室的领导下，人保财险按照水灾风险减量管理的三大环节，积极开展防灾防损工作，重点防范的企财险业务损失明显减少，车险损失也得到最大避免，整体防灾防损工作成效显著。集团领导对财险公司"利奇马"台风的防灾防损和理赔工作给予肯定，批示指出："财险公司对'利奇马'台风的处理，思想上重视、行动上迅速、服务上专业、高效，很好地践行了'人民保险、服务人民'的使命。"

2.4.1 汛期前风险普查打下了坚实基础

根据气象局汛期预报结果，针对 2019 年严峻的防汛形势，人保财险公司高度重视，提早部署，完成超 1.3 万次客户风险排查，为应对"利奇马"台风打下了坚实基础。一是抓紧抓实防汛工作部署。4 月底，灾害研究中心联合财险部、农险部，召开系统"2019 年防汛防灾工作视频动员会"，宣导汛期灾害形势，部署防汛工作，提出考核督导要求。5 月上旬，下发《关于切实做好

2019年防汛工作的通知》，进一步对汛期防灾防损工作安排及考核落实提出要求。二是加强汛前防汛督导。联合财险部组成工作组，于5月14日至31日对7家分公司进行防汛检查，完成《2019年汛期第一阶段防灾防损检查工作报告》，总结经验、查找问题，提出改进建议。三是开展风险普查工作。汛期前开展的风险普查工作，为临灾风险排查和提出整改建议提供了重要参考依据，为减少损失打下了坚实基础。

表2–2　　　　　　　风险普查防灾防损工作举措及成效一览表

汛期前防灾防损举措	防灾防损成效
截至2019年6月底，全国共使用汛期App模块完成超1.3万次客户风险检查报告，并出具了风险建议书，协助企业进行整改。	为临灾重点客户筛查打下基础，整改效果在此次"利奇马"台风灾害中得到体现，受到了客户的肯定。
普查发现浙江某工贸有限公司存在较高水淹风险。人保财险公司积极与其沟通，对企业围墙高度、排水管道口径、挡水板等进行了整改，台风来临前又派人协助客户将货物搬运到高处。	该公司高达1.5亿元的存货，最终损失金额仅5万元。

2.4.2　灾前及时发布预警信息

理赔部/灾害研究中心建立了灾害预警信息服务机制，一是每日通过OA、公司内网、微信等多种方式发布最新台风进展，提示台风灾害风险。二是持续关注台风最新演进动态，根据台风实况路径、预报路径和预报降水，分阶段布置防灾防损和大灾理赔工作。8月6日、8月7日，以协作任务的形式向华东地区的8家分公司的总经理室及相关部门发送《"利奇马"台风防灾防损建议函》；8月9日，通过部门电函向各分公司发送《关于做好"利奇马"台风防灾防损和大灾理赔工作的紧急通知》，要求各分公司做好防灾防损和大灾理赔工作。

相关分公司持续关注台风预警信息，通过多渠道及时向客户发送预警信息和防灾建议，就各种防范措施进行了集中宣导，提高客户应对台风的重视程度和积极性。浙江温州分公司发送短信超25万条、山东分公司通过短信方式向超300万名车险客户提供了风险提示。浙江、山东、宁波等分公司利用HT-ML5制作了《台风预防手册》和《"利奇马"用车注意事项》，通过微信公众号等自媒体平台开展广泛宣传,既深度诠释了人民保险暖心服务的真谛,更起到了良好的防灾防损宣传效应。

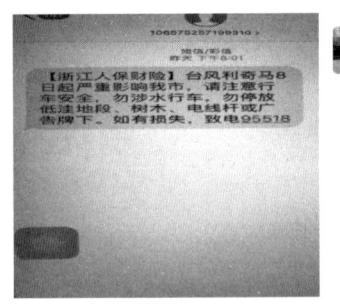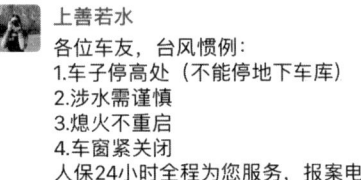

图 2-2 预报预警信息样例

2.4.3 临灾重点风险排查及抢险救灾减损效果明显

企财险和工程险方面,在前期风险普查的基础上,浙江、山东、宁波分别对1150家、740家和218家重点企业和客户进行了风险排查,提前发现风险隐患,并积极为客户提供防台防汛物资,沟通和协助客户转移物资、排除隐患。核电站方面,目前仅有某企业报损50万元人民币,对比2012—2018年历次台风灾害,属于受灾情况最少的案例之一。

车险方面,通过对地下车库和易涝区域开展重点巡查和值守工作,损失得到一定控制。此外,在掌握水库动态和洪峰情况后,及时将车辆进行了转移,也避免了大量损失。

农险方面,通过协助农户进行大棚揭膜和水稻抢收工作,有效降低了农业损失。

具体工作举措和成效详见表2-3。

表 2-3 临灾防灾防损举措和成效一览表

险种	临灾防灾防损举措	防灾防损成效
企财险和工程险	人保财险浙江台州市分公司发现,某企业库存货物有水淹风险,要求垫高转移,该企业不以为然,拒不配合。之后保险人一直和企业进行积极沟通,终于说服公司董事长,将货物进行了垫高和转移。	该企业存货保额2.2亿元,由于防灾得当,损失很小,企业主动放弃企财险赔款。

2 水灾风险减量管理与保险实践

续表

险种	临灾防灾防损举措	防灾防损成效
企财险和工程险	山东滨州邹平市土产杂品有限公司存货物有水淹风险。人保财险滨州分公司下发整改意见后,指导该公司紧急制作沙袋封堵厂区大门,垫高并封堵各仓库库门,并在仓库内安装防雨防潮垫。	仓库内货物仅极少部分受损,成效显著。
	山东东营港区进港航道及导堤工程、东阿阿胶股份有限公司等600余家企业有受灾风险,当地人保财险公司对企业进行防汛安全检查,发放整改建议书,督导整改到位。	多家上年"温比亚"台风出险的企业未出险,重复出险企业损失也有明显减少。
	人保财险温州分公司确定了49个重点防灾工程项目,全市13个经营单位总经理室成员带队的26支防灾检查小组,分片区对项目临时设施、临时用电、高边坡深基坑、桥梁、隧道、路基工程以及特种设备等区域的防汛措施进行检查。	有效降低工程风险,受到客户好评。
车险	人保财险浙江永嘉支公司得知大南溪水库将在中午时分开闸放水。全市动员通过微信、短信等多种形式通知客户开闸放水和洪峰到达各地的具体时间,提醒民众将车辆停靠、转移至安全地带,对高端车辆的客户挨个电话通知到位,要求做好风险防范。	重灾区岩头镇和枫林镇的主要城镇道路最高淹没达两米多,但两镇水淹车辆报损只有112辆,防灾成效明显。
	人保财险浙江分公司利用"车险出险热力图",部署专人对车库、市区易涝点进行督导,同时与交警、城管、物业建立联系机制,其中温州分公司设立警示牌232个,安排了26人次值守。在台风登陆地温岭,当地支公司对地下车库开展重点巡查和值守工作,将30余处地库车辆全部转移到地面。	台风登陆地温岭因台风受淹的30余处地库车辆"零"被淹,估计减损逾1500万元。
	人保财险山东分公司依托"警保联动",针对积水严重道路,组织人员巡街指挥,协调交警进行了区域交通管制、涉水地带提醒,全省合计协调事故车停车场46家,摆放警示牌180多处。	东营市分公司的车险报案量较上年"温比亚"下降64%。潍坊市分公司的车险报案量较上年"温比亚"下降43%。
农险	浙江分公司积极帮助和督导农户进行大棚揭膜和水稻抢收。	台州、温州大棚揭膜率70%;台州早稻抢收14万亩。

2.5 典型案例：人保财险在"梅花"台风中的防灾防损工作

2022年9月14日晚20时30分前后，中央气象台预警的今年第12号台风"梅花"在浙江省舟山市朱家尖登陆，登陆时为强台风级（45米/秒，14级），是今年登陆我国最强的台风。首次登陆后，"梅花"台风在随后数天内又分别在上海、山东、辽宁四次登陆我国沿海地区，是新中国成立以来首个在我国四个不同省（市）连续登陆的台风。最终，"梅花"于9月18日移入东海海面后落幕。

自"梅花"生成到最终结束，人保财险理赔部按照集团和公司领导的指示精神，始终对本次台风大灾保持高度关注，积极主动开展灾前防台减损、灾中抗台救援、灾后查勘理赔等各项工作。

2.5.1 公司领导作出重要指示

集团和公司领导高度重视本次抗击"梅花"大灾应急工作。集团罗熹董事长和王廷科总裁第一时间作出重要指示，要求人保财险要做好救灾减损和理赔应急工作；公司于泽总裁对迎击"梅花"各项具体工作进行部署；张道明副总裁牵头成立应急工作领导小组，全面督导大灾应急理赔工作进展。

2.5.2 理赔部快速部署大灾应对

9月13日，在获悉中央气象台预警信息后，公司总裁室即刻对防台工作提出要求，理赔部第一时间组织召开"梅花"台风应急工作会，对台风应对工作进行全面部署。

①启动大灾应急预案。9月13日接到预警当天，理赔部随即启动三级重大突发事件应急预案，随后在9月14日上午，根据中央气象台预警级别的变化，紧急提高本次台风的应急响应等级至二级，成立应急工作领导小组和工作小组，当即派遣总公司防台灾工作专家组赶赴宁波，指导和参与对重点企业、重点区域的风险排查工作。

②全面部署防灾理赔各项工作。组织浙江、宁波、上海、江苏、山东、青

岛六家分公司召开强台风"梅花"应急工作会，有针对性地提出"六个提前"重点工作要求，对台风应对工作进行周密部署。

一是提前做实做细各项防灾防损工作。派出防台工作专家组赶赴一线，指导协同分公司启动防灾防损工作，重点落实水库、地库的"两库"风险管理，做好车险水淹风险防范、企财险存货转移和证据留存、台风登陆地区风电和船舶风险排查、重点企业断电风险排查、工程项目施工进度取证、农险大棚加固揭膜等几大项防台减损举措。二是提前做好大灾救援减损准备。提前与车辆救援、车辆维修与拍卖、新能源车电池鉴定等外部机构对接，锁定服务资源；提前与客服部沟通衔接，确保大灾期间接报案资源调度；提前做好科技理赔团队和非车险专家团队的动员，每日完成核酸检测，准备随时支援灾区。三是提前做好理赔服务准备。开通绿色通道，切实简化单证，快速做好赔付工作；建立大灾投诉受理机制，指定专人快速处理，杜绝负面影响。四是提前部署大灾应急宣传预案。提前制定宣传预案，向客户宣传防台知识和救援常识，全力降低人员伤亡和财产损失，及时宣传理赔服务事迹。五是提前做好疫情防控部署。充分做好疫情、灾情叠加下的理赔服务预案，确保各项理赔应急工作有序开展。六是提前强化大灾数据管理意识。全面做好灾前、灾中、灾后各环节数据整理工作，做好灾后复盘溯源，总结实战经验，通过大灾提升防灾理赔整体能力。

③扎实推进防灾减损。9月13日，理赔部防台灾工作专家组提前抵达"梅花"预测登陆点宁波后，第一时间启动防灾部署，着手迎击"梅花"台风。工作组指导和协同分公司开展防台各项准备工作，为重点企业、重点区域的风险排查工作科学设计防台方案。

专家组针对因去年"烟花"台风造成损失的客户，指导分公司按照总公司的要求"抛弃一批、改造一批、完善一批"，在现场临灾检查过程中，防灾工作组现场指导，在关键点位搭建挡水板，在低洼地区疏通排水渠，台风过境后未发生任何损失，工作组防灾方案减损效果显著，得到被保险人的认可。相较于2021年的台风"烟花"、2022年的台风"梅花"过境宁波时，同样是强风、暴雨、大潮三碰头，过境后72小时的接报案量，商非案件降幅超过20%，报损金额在100万元以上的商非大案数量降幅超过50%。例如宁波某灯具厂，被保险设施厂房老旧，排水防汛功能薄弱，公司防灾工作组现场指导被保险人安装挡水板等临时防灾设施,最终本次台风结束后未发生任何损失。

图 2-3 大门安装了挡水板

图 2-4 加高了沿河围墙

④全面做好大灾支援的准备。在台风登录前,提前组建和动员系统的科技理赔专家团队、非车险理赔专家团队,结合各地疫情管控情况,确定首批支援

团队名单,并要求成员每日进行核梭检测,将根据报案情况随时赶赴重灾区支援当地分公司。

图 2-5　搬走了简易仓库的仓储物

图 2-6　安装了置物架腾空了一层物品

2.5.3　分公司全力以赴迎击"梅花"

人保财险浙江、宁波、上海、江苏、山东、青岛六家分公司，按照集团和公司领导的工作指示要求，落实总公司理赔部各项大灾理赔部署，扎实有序推进各项抗灾理赔举措的实施。

①第一时间组织召开大灾理赔专题会。各家分公司分别组织全辖各机构举行"梅花"台风大灾理赔专题会议，传达集团和公司领导指示精神，落实部署各项具体举措。

②落实各项大灾理赔举措。各分公司扎实推进灾前、灾中、灾后各项理赔服务举措的实施。

在台风登陆前，各分公司开展了包括承保排查、风险排查、主要风险地区现场踏勘、重点客户现场防台检查等工作。同时制定并落地有针对性的防台方案、开展"科技+理赔"各项防台举措、提前制定台风理赔方案、统筹协调各项救援理赔资源、普及防台知识、通过微信公众号等各种渠道将公司理赔服务举措向社会进行推广。

在台风来临时，各分公司理赔部全员取消休假，确保24小时在岗，开通理赔绿色通道，第一时间完成接报案工作，并根据客户需要及时提供救援，同时切实简化单证，快速做好预付赔付；建立大灾投诉受理机制，指定专人快速处理，杜绝负面影响。

在台风过去后，各分公司有序由大灾应急转为灾后理赔，及时开展事故查勘工作，通过"科技+理赔"打造高效灾后理赔通道，对理赔各项服务提质增效，及时、快捷、准确完成大灾案件赔付，为受灾地区全面传递人保温度。

③积极配合政府做好抗台救灾。全面发挥保险作为社会"稳定器"的作用，积极配合政府部门完成好本次抗台救灾工作。

在大灾期间，宁波市银保监局副局长陈红和二级巡视员张亚娟、宁波市地方金融监管局副局长虞礼勇、余姚市副市长潘健红、宁海县副县长黄崭、慈溪市政策性农业保险协调办吴雪榕科长等政府和监管部门的领导，均赴各分公司理赔中心，现场听取我司防台抗台和理赔服务工作汇报，细致指导各分公司协同政府开展抗台救灾工作，并对我司工作作出了高度肯定。

④极速完成大灾案件赔付。在"梅花"台风来袭期间，分公司切实贯彻

落实集团和公司领导对大灾理赔工作质量和赔付效率的要求,运用人保财险"科技理赔、数字理赔、线上理赔、智慧理赔"的技术手段和服务理念,科学调度、迅速行动,积极主动推进各险种查勘理赔工作。其中,最早受到"梅花"台风影响,同时也是受损最严重的宁波分公司,在台风登陆前的9月14日下午,已高效完成首批农业保险赔款、首批家财险赔款、首批车险赔款的赔付工作,其他各分公司也均在第一时间极速执行大灾赔付,解决客户燃眉之急,展现理赔"人保速度"。

3 火灾风险减量管理与保险实践

3.1 火灾概述

火灾是指在时间和空间上失去控制的燃烧所造成的灾害。在各种灾害中，火灾是最经常、最普遍地威胁公众安全和社会发展的主要灾害之一。以2014年数据为例，据公安部消防局统计，全年全国共接报火灾39.5万起，死亡1817人，受伤1493人，直接财产损失43.9亿元。火灾的风险减量管理对于维护国家及人民生命财产安全，以及保护企业经济利益均有重要作用。

3.1.1 燃烧的条件

燃烧是一种同时伴有发光、发热的激烈的氧化反应。燃烧的形成需要满足一定的条件。燃烧的三个必要条件是：

一是可燃物，如木材、乙醇、丙酮、甲烷等。

二是助燃物，如空气、氧气和其他强氧化性物质。

三是点火源，如明火、电火花、高温表面、摩擦、撞击、光和射线、自燃发热等。

以上三个条件中缺少任何一个，燃烧便不能发生。然而，燃烧反应在温度、压力、组成和点火能等方面都存在着极限值。在某些情况下，如果可燃物未达到一定的含量，助燃物数量不够，点火源不具备足够的温度或热量，那么，即使具备了三个条件，燃烧也不会发生。例如，甲烷在空气中的浓度小于5%或超过15%时便不能点燃，而一般可燃物质当空气中含氧量低于14%时便不会发生燃烧，又如，一根火柴的热量不能点燃一根木材。对于已经进行着的燃烧，若消除其中任何一个条件，燃烧便会终止。

各种防火防爆和灭火抑爆的技术措施和管理方法，都是从避免可燃物、助燃物和点火源三个必要条件同时存在并相互作用出发，这就是企业火灾风险减量管理的基本原理。

3.1.2 火灾的分类

3.1.2.1　按照燃烧对象的性质分类

A 类火灾：固体物质火灾

B 类火灾：液体或可融化固体物质火灾

C 类火灾：气体火灾

D 类火灾：金属火灾

E 类火灾：带电火灾

F 类火灾：烹饪器具的烹饪物（动植物油脂）火灾

3.1.2.2　按照火灾事故所造成的灾害损失程度分类

特别重大火灾：30 人以上死亡，100 人以上重伤，1 亿元以上直接财产损失的火灾。

重大火灾：10 人以上 30 人以下死亡，50 人以上 100 人以下重伤，或 5000 万元以上 1 亿元以下直接财产损失的火灾。

较大火灾：3 人以上 10 人以下死亡，10 人以上 50 人以下重伤，或 1000 万元以上 5000 万元以下直接财产损失的火灾。

一般火灾：3 人以下死亡，10 人以下重伤，1000 万元以下直接财产损失的火灾。

3.1.3 火灾的危害

1. 危害生命安全

因燃烧热造成人员死亡占整个火灾死亡人数的四分之一，四分之三是吸入有毒、有害烟气后直接导致死亡。

建筑部分或整体坍塌造成人员伤亡。

2. 造成经济损失

建筑物内部燃烧，或导致整栋建筑物化为灰烬。扑救火灾所使用的水、干粉、泡沫等灭火剂，资源损耗，财物遭受水渍、污染等损失。火灾后，建筑物修复，人员安置，以及生产经营，都会造成巨大损失。

3. 破坏文明成果

火灾中，文物、典籍，古建筑等诸多稀世瑰宝面临烧毁的威胁，对人类文明造成无法挽回的损失。

4. 影响社会稳定

民众造成心里恐慌，损害群众的安全感，影响社会稳定。

5. 破坏生态环境

3.1.4 火灾原因

电气故障：我国火灾原因首位。电气设备、电气线路接头接触不良、短路等。

吸烟：烟蒂和点燃烟后未熄灭的火柴梗温度可达到800℃，均可造成火灾。

生活用火不慎：城乡居民家庭用火不慎。

生产作业不慎：违反生产安全制度引起火灾。

玩火：未成年人玩火缺乏看管。节日庆典，70%~80%是由燃放烟花爆竹引起。

人为纵火：纵火的行为是处于某种目的，是故意的行为。

雷击：（1）雷电直接击在建筑物上，发生热效应、机械效应；（2）雷电产生的静电感应和电磁感应作用；（3）高电位雷电波沿着电气线路或金属管道系统侵入建筑物。

3.1.5 建筑火灾蔓延的机理与途径

3.1.5.1 建筑火灾蔓延的传热基础

（1）热传导（导热）：接触传热，连续介质就地传递热量而又没有各部分之间相对宏观位移的一种传热方式。

（2）热对流（对流）：流体各部分之间发生相对位移，冷热流体相互掺混引起热量传递的方式。

（3）热辐射：因热的原因发出辐射能的现象。火焰、烟雾都能辐射热能。

3.1.5.2 建筑火灾的烟气蔓延

500℃以上热烟所到之处，可燃物都有可能被引燃起火。

(1) 烟气的扩散路线

水平方向：火灾初期 0.1~0.3m/s，火灾中期 0.5~0.8m/s。

垂直方向：1~5m/s（楼梯间或者管道竖井中由于烟囱产生抽力，烟气上升流动速度可达6~8m/s。

高层建筑发生火灾有3条线路：

①火房间→走廊→楼梯间→上部各楼层→室外

②火房间→室外

③火房间→相邻上层房间→室外

(2) 烟气的流动驱动力

①烟囱效应；②火风压；③外界风的作用

(3) 烟气蔓延的途径

造成蔓延的主要原因有：未设有效的防火分区；洞口处的分隔处理不完善，火灾穿越防火分隔区域；防火隔墙和房间隔墙未砌至顶板，火灾在吊顶内部空间蔓延；采用可燃构件与装饰物，火灾通过可燃的隔墙、吊顶、地毯等蔓延。

3.1.5.3 建筑火灾发展的几个阶段

初期增长阶段：从出现明火起，燃烧面积小，温度不平衡，持续时间长短不定。

充分发展阶段：轰然作响标志着室内火灾进入发展阶段。持续高温，温度可达800~1000℃。

衰减阶段：从室内温度降到其峰值的80%时算起。温度显著下降。

3.1.5.4 灭火的基本原理与方法

冷却灭火：可燃固体（冷却在燃点以下）；可燃液体（冷却在闪点以下）。

隔离灭火：将可燃物与氧气、火焰隔离可以中止燃烧，扑灭火灾。

窒息灭火：使可燃物得不到足够的氧气，燃烧不能进行，火灾即被扑灭。（一般地氧气密度低于14%就不能维持燃烧）可以通过灌注不燃气体，如二氧化碳、氮气等灭火。此外，水喷雾灭火系统工作时，水蒸气浓度达到35%，燃烧即可停止。

化学抑制灭火：有焰燃烧是通过链式反应进行的，有效抑制自由基的产生和降低火焰中的自由基浓度，燃烧即可中止。常见的化学抑制灭火剂有七氟丙烷灭火剂等。

3.2 典型标的和行业火灾风险管理

根据行业数据，仓库、高层建筑、人员密集场所是三类火灾危险性较高的场所。本节将选取仓库中的物流仓库、高层建筑中的酒店、人员密集场所中的商场作为典型标的，分别对其具体的火灾风险防灾防损服务技术进行介绍。

3.2.1 物流仓库

3.2.1.1 火灾风险特点

（1）体量大，荷载高，蔓延快

大型物流仓库的建筑面积一般在 20000 平方米左右。由于货架堆放物品的密度大、数量多、品种复杂，建筑高度多在 12 米以上，货物堆垛高度在 10 米以上。通常储存和理货区分别占总建筑面积的 60% 和 30% 左右，多个区域之间物品的流动频繁，整座建筑空间呈现连续开放的形态，失火后，极易形成大面积火灾。

（2）报警时间长，排烟困难，结构易坍塌

大型物流仓库因其空间高大，火灾扩散蔓延较快，从第一个货架单位引燃相邻货架单位约需 3 分钟时间。目前，物流仓库的排烟方式主要有：屋面或靠近屋面的墙上开设常开窗进行自然排烟，以及在顶部设置机械排烟设施两种方式。无论采取何种方式，由于仓库空间高大，烟气受到货架和货物的阻挡，到达屋面层的时间较长。热烟气从产生到排出室外，将在室内停留较长一段时间，引燃热烟气流经过处的可燃物，消耗大量氧气，加热室内空气，使室内陷入一种烟雾浓、温度高、能见度低的高危状态，对建筑结构安全造成威胁，也不利于人员疏散和灭火救援的展开。

物流仓库大多采用钢结构或钢筋混凝土柱、钢桁架屋顶承重构件，在火灾温度达到 500℃ 时，钢结构的承载力下降到原来的 1/4，如果火灾温度达到 600℃，钢结构承载力将完全失效，会造成大面积坍塌。

（3）灭火难度大，人员疏散困难

物流仓库货物堆垛高度大都超过 7 米，属于高架仓库，货架连续长度为

30~60米,一般每隔30米处设置一个宽约1.4米的联络通道,货架与货架间通道宽度在1.1~3.5米。一旦发生火灾,烟雾弥漫,很难找到起火点。由于货架大都采用钢质材料,加上堆物的重量,在火灾情况下可能变形坍塌,这对灭火人员的安全带来很大的威胁。

由于物流配送需要大量人手(一般面积10000平方米间隔内需工作人员20人左右)来对货物进行分拆、包装,理货区中操作人员用电设备密集,工作时间内包装废料堆放混乱,货架高大密集,致使发生火灾时人员疏散困难。

3.2.1.2 主要火灾风险隐患

物流仓库存在着多种火灾隐患,主要表现在以下方面:

缺乏规划,盲目建设。尤其是车站、机场、码头周边,存在大量小、散、杂、乱,以快速盈利为目的,没有远期规划的物流仓库。此类仓库防火间距、耐火等级、消防设施等防火、灭火措施难以落到实处。

使用原有仓库、厂房改造而成的物流仓库,普遍存在电器残旧老化、消防设施欠缺、损坏等问题。物流中心四周道路不畅通,消防水源不足。防火分区面积不易控制,防火分隔难。建筑结构采用轻质钢结构材料,耐火等级难以满足规范要求。货架向高空发展,极易造成立体、高位火灾。储物品种多样化,不同火灾危险级别,甚至不同灭火方法物品同存一库。自动化程度越来越高,用电负荷量越来越大,增加了火灾危险性。夜间人员作业越来越频繁,尤其是晚间作业时间加长,发生火灾容易造成人员伤亡。

经营受季节性影响货物的物流仓库,在旺季尽可能地利用一切空间堆放货物,存在可燃物离照明灯具过近、通道狭隘、消防设施不能正常启用等问题。

案例:浙江嘉兴某物流仓库火灾

2014年12月9日上午10时40分前后,位于浙江嘉兴市的某物流公司电器仓库发生火灾,仓库内存放的冰箱、洗衣机、空调等电器成品以及塑料、泡沫等大量易燃品遇火后发生剧烈燃烧,火势蔓延较快,现场浓烟蔽日,仓库过火面积约为1800平方米。火灾原因为电焊操作引起。

图3–1　"12·9"浙江某物流仓库火灾

3.2.1.3　防灾防损服务内容及标准

表3–1　物流仓库总平面布局合理性评估

评估内容	评估标准
总平面设计	物流中心的物流仓库、配电房、水泵房、生活配套设施、停车场等应独立建造。
防火间距	物流中心内物流仓库与其他建筑的防火间距应符合国家标准《建筑设计防火规范》(GB50016—2014)要求。
防火分区及消防车道	物流仓库储存物品为丙类及丙类以下时,其最大允许占地面积和每个防火分区最大面积可按现行国家标准《建筑设计防火规范》(GB50016—2014)对中转仓库的规定执行。
防火分区及消防车道	物流仓库四周应设置环形消防车道。
防火分区及消防车道	物流仓库主要作业面一侧应留有供火灾扑救的消防车作业场地。
防火分区及消防车道	物流仓库周围设置的消防车道宽度不应小于6m,消防车道与仓库的距离不应小于5m,且不得大于15m。

表3–2　物流仓库室内平面布局合理性评估

评估内容	评估标准
物品存储区域	同一个防火分区内不允许性质相互抵触或灭火方法不同的货物存放在一起,应分垛或分架布置。
货物储存区和理货区距离	货物储存区和理货区之间保持不小于6m的距离,其间不得堆放物品。

3 火灾风险减量管理与保险实践

续表

评估内容	评估标准
库内的办公室、休息室外墙和外窗	设置在库内的办公室、休息室应靠外墙设置,并设置可开启外窗,应采用耐火极限不低于2.5小时的不燃烧体隔墙和不低于1.0小时的楼板与其他部分隔开,并应设置独立的安全出口。如隔墙上需开设相互连通的门,应采用甲级防火门。
防火分隔通道设置	通道宜居中布置,距离建筑外墙及通道之间的距离不宜大于150m。 通道内不得堆放物品,且应直通室外。 通道内自动喷水灭火系统的报警阀应独立设置。
防火分区设置	每个防火分区入口数量不少于两个,且应设置在不同方向。 同一防火分区入口间的距离不应小于15m。 入门应正对货架或堆垛间通道,入口宽度不应小于货架或堆垛间通道的宽度。 当防火分区进深大于120m时,应设置宽度不小于8m的分隔带。 多层仓库二层及以上各层应沿仓库长边设置灭火救援入口平台(或室外楼梯),平台的最小长度和宽度不得小于5m和3m,平台间距不应大于80m。

表3-3　　　　　　　　　　　物流仓库建筑耐火等级评估

评估内容	评估标准
物流仓库	物流仓库的耐火等级不得低于二级。
外墙材料	外墙可采用轻质砖墙或不燃烧填充材料的彩钢板材外墙,如采用彩钢板,其耐火极限一级不应低于0.75小时,二级不应低于0.5小时。
防火墙结构	物流仓库内的每个防火分区之间必须采用防火墙分隔,防火墙应从地面基层隔断至钢筋混凝土顶板底面基层。 对于有多个防火分区的物流仓库,防火墙上不应开设门洞窗口。确因工艺需要开设时,开设的联通口应设置在走道位置,其高度和宽度均不应超过墙高和墙宽的1/3。
货架材料	货架应采用不燃材料建造。

表 3-4　　　　　　　　　　　物流仓库安全疏散能力评估

评估内容	评估标准
存储区和理货区	储存区货架应纵向与理货区垂直布置,保证货架间通道与理货区垂直,在此通道上任一点均能看到理货区。 每侧理货区应设置不少于两个安全出口,门宽不应小于1.4米,每两个安全出口间距不应少于15米。单层理货区任一点到最近安全出口直线距离不应超过40米,多层理货区任一点到最近安全出口直线距离不应超过30米。 储存区任一点到理货区距离不应超过30米,否则应在储存区增设安全出口。
货架	储存区内货架连续长度不宜超过30米,当超过该数值时,应每隔30米设置一个宽度不小于1.4米的人员疏散开口,货架间距不应小于1.1米。
楼梯间	多层物流仓库必须设置封闭楼梯间,疏散楼梯宽度不应小于1.1米。

表 3-5　　　　　　　　　　物流仓库电气防火线路及设施布置评估

评估内容	评估标准
配电线路的布置	总配电箱进线处应装设剩余电流保护装置。 物流中心应设置双回路供电,发电房和配电房应独立建造,并设置自动灭火系统保护。 在各单体建筑的总配电箱内装设浪涌保护器,以防止感应雷电流引起的电气火灾。 开关、插座和照明灯具等应采用隔热、散热等保护措施。 库内不得使用卤钨灯、白炽灯、高压钠灯等高温照明灯具,应采用低温照明灯具。 配电箱及开关应设置在库外。
消防用电	各安全出口应设置出口指示灯,疏散走道每20m应设置疏散指示灯及应急灯。 疏散指示灯宜设在太平门的顶部或疏散走道及其转角处距地面高度1m以下的墙面上。 消防用电设备应采用独立供电回路。对二类消防负荷应采用双回路供电,在线路末端设自动切换箱,实现双电源的自动切换。

表 3-6　　　　　　　　　　　物流仓库消防设施配置评估

评估内容	评估标准
室内消火栓	物流仓库内应按规定配置室内消火栓。室内消火栓的间距不应大于30m,并保证室内任何一点均有两支水枪的充实水柱到达。 仓库中间的消火栓应布置在消防通道上,靠柱安装并不受货架阻碍。

续表

评估内容	评估标准
灭火器的配置	物流中心应按规定配置灭火器。一般按 A 类火灾严重危险等级配置灭火器，通常采用磷酸铵盐（ABC）干粉灭火器比较合适。灭火器宜与消火栓箱布置在同一地点。
火灾探测器	高度低于 12 米以下的物流仓库，宜采用点型感烟探测器及红外光束感烟探测器；高于 12 米、低于 20 米的应采用红外光束感烟探测器。
手动火灾报警按钮的设置	物流仓库每个防火分区应至少设置一个手动火灾报警按钮，手动报警按钮宜设置在出入口处。

表 3 - 7　　　　　　　　物流仓库入库流程及存储管理评估

评估内容	评估标准
入库管理	货物进库前，应严格判明货物种类、性质、火灾危险性，检查包装标准，限定进库数量和严格履行操作规定，确保进库安全。 液体物品应检查容器有无破裂、泄漏。包装容器应能防止内装物在运输过程中由于温度、湿度和高度的变化而造成爆炸、失火、散失和溢漏。
货物存储	货物必须按性质分类分库储存，属于易燃、易爆化学危险品的货物必须储存在专用仓库内，不得在一般物流中心内混放。 每个仓库需限额储存，货物堆放高度不得超过设计要求，距离标准洒水喷头距离应大于 0.45 米，距离其他洒水喷头大于 0.9 米。 堆放货物时应保证消防疏散通道畅通，不得堵塞疏散门或疏散楼梯，不得阻碍消火栓、手动报警按钮及湿式报警阀。 破损货物或淋湿的货物不得存放在仓库内。 吸湿易自燃的物品应存放在干燥通风位置，并应设置湿度计。

3.2.2　商场

3.2.2.1　火灾风险特点

（1）火势猛烈、蔓延迅速

烟火沿柜台、货架、立体堆垛的货物和吊顶向水平方向蔓延迅速，并以向楼梯间和低燃点商品方向发展为快，起火楼层容易形成全面燃烧。

多数新建商场设有大面积共享空间，而且竖向管井多，烟囱效应强；多数内部安装有自动扶梯、共享中庭、敞开楼梯间等开口部位，在给人们带来便利的同时，也给防火分隔带来困难，一旦失火，火苗和烟气将会顺着这些开口部位蔓延。

相互毗连的商场、连片的商业区发生火灾，容易向毗邻的建筑蔓延，大风条件下容易形成大面积火灾。

（2）人员集中，疏散困难

大型商场内人员密集，如在营业时间起火，初起火灾一旦失控，人员易惊慌混乱，加上出入口少，通道狭窄，易出现拥挤踩伤致死事故。

大型商场内商品种类繁多，大量的棉毛、化纤织物、橡胶制品、塑料制品及高分子内装修材料等起火后，不仅产生大量烟雾，使能见度降低，而且释放出大量的有毒气体，如氢化氰、一氧化碳等，使疏散人员在短时间内中毒窒息，无法逃生，被大火吞噬。

大型商场多采用室内采光，起火后浓烟充斥，能见度低，再加上摊位布局密集，通道窄，障碍多，给人员疏散和消防人员搜寻营救工作带来困难。特别是大型的百货商场和大面积连片商场人员密度大、通道窄、出口少，疏散工作难度大，极易出现挤死踩伤人员事故。

（3）火灾造成的直接经济损失巨大

商场的商品多，不仅摆在货架上，而且在货柜后面、下面也堆满了货物。发生火灾后，疏散人员都很困难，要抢救疏散这些商品的可能性就更小。

商品抢救不出去，有的被烧毁或被高温和烟气熏烤炭化或变形，从而报废或失去价值；灭火用水强度高，容易造成水渍损失。

（4）扑救火灾难度大

由于商场内部布局复杂，火场温度高、烟雾浓、火势猛，不利于近距离灭火。商场一般处于繁华地段，一旦发生火灾，由于围观人群多，则给灭火战斗展开造成不利影响。并且当救人、疏散、灭火同步进行时，相互干扰大。

商场火灾如果发生在非营业时间，通常值班人员少，火灾起初不易被发现，等待发现报警时，火势已进入发展阶段，给扑救带来困难。

（5）社会影响大

由于大型商场具有人员死亡数量大、经济损失大、过火面积大等特点，所以，一旦失火其社会影响也是很大的。

3.2.2.2　主要火灾风险隐患

近年来，我国商场火灾起因主要有电器电路设备故障、用火不慎、违章作业、吸烟不慎、玩火、纵火、雷击等。前四者在商场火灾起因中占有较大比例。

电线电器设备故障。电气引发的火灾主要有三种情况：一是不按照操作规程要求，私拉乱接电线，管理和使用不当，造成短路、过负荷引发火灾；二是使用年限过长，电气线路老化，因漏电引发火灾；三是线路超负荷使用，引发火灾。

用火不慎、违章作业。很多商场由于经营业主的变更或业务的变更，往往都要重新装修店面，店面的装修经常难免使用电焊等。据近几年商场发生火灾分析，电焊使用不慎导致的火灾占有很大比例。

吸烟不慎。商场内人员众多，商场内吸烟现象得不到制止，而商场市场内堆放的大多为易燃可燃物，烟头一旦在易燃可燃物上很容易引起火灾。

其他原因。小孩在商场内玩火也是诱发商场起火的原因之一。另外，人为纵火、雷击、自燃等也是商场火灾发生的原因。

案例：吉林省"11·5"重大火灾事故

2010年11月5日，位于吉林市珲春街和河南街交汇处的吉林商业大厦发生火灾，造成19人死亡，24人受伤，直接经济损失1560万元。

事故原因：大厦一层二区斯舒郎精品店仓库内的电气线路短路是事故发生的直接原因；消防设备配备不足，大厦产权结构较复杂，消防管理困难是造成此次特大事故的重要原因。

图3-2 吉林省"11·5"重大火灾事故

3.2.2.3 防灾防损服务内容及标准

表3-8　　　　　　　　　　商场建筑防火能力评估

评估内容	评估标准
总平面和平面布置	商场周围应按规范要求设置消防车通道，高层商场应设置环形消防车道，当设置环形消防车道有困难时，应沿商场的两个长边设置消防车道，并应按规范要求设置符合登高消防车操作需要的消防扑救面。 步行商业街长度不宜大于500米，并应在每个间距不大于160米处设横穿该街区的消防车道。 商场内锅炉房、变配电室、柴油发电机房、空调机房、消防控制室、消防水泵房和歌舞娱乐放映游艺场所等的设置，都应符合有关消防技术规范的要求。
建筑耐火等级	多层商场的耐火等级不宜低于二级，高层商场的耐火等级不应低于二级。 高度超过50米或24米以上任一层建筑面积超过1000平方米的商场，以及地下商场或商场的地下建筑，其耐火等级不应低于一级。 一、二级耐火等级商场的层数不限，三级耐火等级商场不应超过二层或设置在三层及三层以上楼层。

表3-9　　　　　　　　　　商场防火分区合理性评估

评估内容	评估标准
防火分区设置	商场应严格按照规范要求划分防火分区。 上下层相连通的中庭、走廊、开敞楼梯、自动扶梯、传送带等开口部位，应按上下连通层作为一个防火分区，其建筑面积之和不应超过每个防火分区允许的最大建筑面积。 当上下开口部位设有耐火极限大于3小时的防火卷帘或水幕等分隔设施时，其面积可不叠加计算。
防火门及安全门的设置	商场安全出口、楼梯间、前室、合用前室、疏散走道及人员密集场所的门均应向疏散方向开启，不得设置门槛。 防火门应具有自行关闭功能。且应能手动开启。防火卷帘门下不得堆放物品。设有火灾自动报警系统的商场，疏散走道宜设置火灾情况下能自行关闭且有信号反馈功能的电动常开防火门。经常锁闭的安全疏散出口应设置与火灾自动报警系统联动的安全逃生门锁系统。
防火设施的设置	划分防火分区的防火墙、防火卷帘和防火门等防火分隔设施的设置均应符合国家现行消防技术规范的规定。穿越防火墙、楼板的管线孔洞、缝隙，均应当用不低于该墙、楼板耐火极限的防火封堵材料封堵严密。

3 火灾风险减量管理与保险实践

表 3–10　　　　　　　　　　商场安全疏散能力评估

评估内容	评估标准
安全出口布置	商场的安全出口应分散布置，每个防火分区、一个防火分区的每个楼层的安全出口数量不应少于两个，相邻两个安全出口最近边缘之间的水平距离不应小于 5 米。
楼梯间的设置	商场楼梯间的形式、数量、设置要求应符合相关消防技术规范的规定。不超过 2 层，且 2 层面积不大于 1 个防火分区面积的商场可设置开敞楼梯间；超过 2 层、建筑高度不超过 32 米的商场应设置封闭楼梯间；一类高层商场和高度超过 32 米的二类高层商场应设置防烟楼梯间。 高层商场应按规范要求设置消防电梯。
疏散通道、安全出口	应当保证疏散通道、安全出口畅通。
应急照明和疏散指示标志	商场的疏散走道、楼梯间及前室、消防电梯前室和营业厅、会议室、歌舞娱乐放映游艺场所等人员密集的公共场所，均应按照规范要求设置火灾应急照明和疏散指示标志。
应急广播系统	商场应设置应急广播系统。

表 3–11　　　　　　　　　　商场消防设施配置评估

评估内容	评估标准
消火栓、灭火器设置	商场应设置室内、外消火栓系统，并应符合有关消防技术规范要求。 设有室内消火栓的商场宜设置消防软管卷盘。
消防水源	应有稳定、充足的消防水源，保证常年供水充足。
自动灭火设施的设置	任一楼层建筑面积超过 1500 平方米或总建筑面积超过 3000 平方米的多层商场和建筑面积超过 500 平方米的地下商场及高层商场均应设置自动喷水灭火系统。 设置在商场中营业面积大于 500 平方米的餐饮场所，其烹饪操作间的排油烟罩及烹饪部位宜设置自动灭火装置，且应在燃气或燃油管道上设置紧急事故自动切断装置。
火灾自动报警系统的设置	任一层建筑面积大于 3000 平方米或总建筑面积大于 6000 平方米的多层商场，建筑面积大于 50 平方米的地下、半地下商场和一类高层商场，应设火灾自动报警系统。 二类高层商场中建筑面积大于 500 平方米的营业厅、可燃物品库房、经常有人停留或可燃物较多的地下室以及性质重要或有贵重物品的房间，应设火灾自动报警系统。 商场营业厅等人员聚集的场所宜设置漏电火灾报警系统。
消防控制室	设有火灾自动报警系统和自动灭火系统或设有火灾自动报警系统和机械防（排）烟设施的商场，应按相关规定设置消防控制室。

表 3－12　　　　　　　　商场电气防火线路及设施布置评估

评估内容	评估标准
消防用电	一类高层商场的消防用电应按一级负荷供电。 二类高层商场和任一层建筑面积大于 3000 平方米的多层商场的消防用电应按二级负荷供电。 其他商场的消防用电可采用三级负荷供电。 火灾自动报警及消防联动控制系统的电气线路应与其他照明和动力电气线路分开设置。
电气线路和灯具	商场电气照明线路宜采用铜芯绝缘导线暗敷，吊顶内敷设的电气线路宜采用铜芯线穿金属管保护。火灾自动报警系统的电气线路应采用铜芯导线，并穿金属管保护。接线盒要封闭严密，有防火隔热措施。 照明线路要分段分路控制，每段线路的用电总功率不得超过额定值，以防超负荷过热引起火灾；库房内严禁使用临时线路。 商场不得使用碘钨灯和 60 瓦以上的白炽灯等高温灯具。灯泡下方不得堆放可燃物品。
电气火灾监控系统	任一楼层建筑面积大于 1500 平方米或总建筑面积大于 3000 平方米的展览建筑、商场、旅馆建筑，以及医院中同样建筑规模的病房楼、门诊楼、手术部；建筑面积大于 500 平方米的地下、半地下商店应设置电器火灾监控系统。

3.2.3 酒店

3.2.3.1 火灾风险特点

火灾荷载大。酒店内部存在大量的可燃、易燃装饰材料及生活用品，一旦发生火灾，大量可燃材料将导致火灾迅速蔓延；大多数可燃材料在燃烧时还会产生有毒烟气，给住店客人逃生造成极大不便。

火势蔓延迅速。酒店的火灾蔓延迅速的因素很多，一是没有良好的防火分隔和阻烟火措施。二是客房的密闭性很强，起火后不易被及时发现。三是内部楼梯间、电梯井、电缆井、垃圾道等竖井林立，一旦发生火灾，则极易产生烟囱效应。

火灾扑救难度大。酒店多为高层建筑，发生火灾后存在火势蔓延迅速、供水困难、疏散救人和控制火势难等诸多因素，扑救难度大。

疏散和施救困难。酒店人员多且较为集中，进出频繁，且大多数是暂住的旅客，对建筑物内的环境、出口和消防设施等情况不熟悉，同时，发生火灾时，由于被困人员心情紧张，极易迷失方向，拥塞在通道上，造成秩序混乱，给疏散和施救工作带来困难，往往造成重大伤亡。

3.2.3.2 主要火灾风险隐患

吸烟。由于吸烟疏忽所引起的火灾是酒店火灾最主要的原因之一。因吸烟不慎而引起的火灾有两种情况：一是卧床吸烟，特别是酒后卧床吸烟，睡着后引燃被褥酿成火灾；二是吸游烟，即边走路边吸烟，乱扔烟头所致。

电器、电线故障。现代酒店诸多功能集中在建筑物内，除了客房、餐厅厨房、各种娱乐设施，还有锅炉房、电脑房、配电房等。因电器、电线故障而引起的酒店火灾所占比例非常高，主要原因是电线老化、线头裸露、电器设备安装不合理、动物啮咬电线等。

厨房用火不慎。厨房是酒店用火最多的场所，厨房用火不慎引发的火灾是酒店火灾重要原因之一。绝大多数酒店厨房发生的火灾有二种原因，一种情况是厨房的油烟管道没有及时将油垢清除，长期积累附着在油烟管道上，在烹调时火星吸进烟道引起火灾。这种情形的火灾在酒店较为普遍。所以酒店应当经常清洗油烟道，要始终保持油烟灶具的清洁。有条件的酒店应当选用运水烟罩，彻底清除此类火灾隐患。厨房火灾的另一种情况是厨师违反操作规程而造成的。

案例：深圳市端溪酒店特大火灾事故

1996年7月17日凌晨，深圳市宝安南路端溪酒店二楼肥肥火锅城发生特大火灾事故。火灾烧损面积65平方米，造成30人死亡，13人受伤，直接经济损失13.84万元人民币。

事故原因：电气火灾，深圳市端溪酒店（共9层）二楼因楼面经理离开其住室时未关闭电风扇，电风扇运转中织物卷入风扇罩，使风扇电源线过热燃烧，继而引燃周围可燃物是事故发生的直接原因；罗定市乡镇企业局所经营的端溪酒店违反消防法规、忽视消防安全管理是造成此次特大事故的重要原因。

3.2.3.3 防灾防损服务内容及标准

表3-13　　　　　　　　酒店建筑防火能力评估

评估内容	评估标准
总平面布局	选址应符合当地城市规划要求,并应选在交通方便、环境良好的地区;不宜选在甲、乙类厂房、库房以及甲、乙、丙类易燃、可燃液体、可燃气体储罐和易燃、可燃材料堆场附近。
平面布置	设备用房:燃油或燃气锅炉、油浸电力变压器、充有可燃油的高压电容器和多油开关等设备宜设置在主体建筑以外的专用设备用房内,专用设备用房与主体建筑之间应保持一定的间距。专用设备用房如必须与主体建筑贴邻布置或上述设备受条件限制需布置在主体建筑中时,应符合相关规定。 歌舞娱乐放映游艺场所:酒店内的歌舞厅、卡拉OK厅、夜总会、录像厅、放映厅、桑拿浴室(除洗浴部分外)、游艺厅(含电子游艺厅)、网吧等歌舞娱乐放映游艺场所,宜设置在首层或二层、三层的靠外墙部位。高层酒店内的歌舞娱乐放映游艺场所不应布置在袋形走道的两侧和尽端;单层、多层酒店内的歌舞娱乐放映游艺场所必须布置在袋形走道的两侧和尽端时,其房间门距安全出口的距离不应大于9米。当必须设置在其他楼层时,应符合相关规范规定。 观众厅、会议厅、多功能厅:酒店内的观众厅、会议厅、多功能厅等人员密集场所宜设置在首层或二层、三层。若必须设置在其他楼层,应符合相关规范规定。 厨房:厨房应尽量避免设置在酒店的中心部位,应尽量靠外墙设置。厨房和餐厅最好设在同层,如必须分层设置,不宜超过一层。

表3-14　　　　　　　　酒店建筑耐火等级评估

评估内容	评估标准
多层酒店	多层酒店:多层酒店采用一级、二级耐火等级时,对层数不作限制,每个防火分区允许最大建筑面积为2500平方米;采用三级耐火等级时,最多允许层数为5层,每个防火分区允许最大建筑面积为1200平方米;在风景旅游区为特殊需求修建的生态休闲类酒店,可以采用四级耐火等级建筑,最多允许层数不应超过2层,每个防火分区允许最大建筑面积为600平方米。但木结构酒店的建筑构件的燃烧性能和耐火极限满足规范的相关规定时,最多可建至三层,每个防火分区允许最大建筑面积为600平方米;当其层数分别为2层、1层时,每个防火分区允许最大建筑面积分别为900平方米、1200平方米。地下、半地下建筑内的每个防火分区建筑面积不应大于500平方米。

评估内容	评估标准
高层酒店	高层酒店：高层酒店的耐火等级不应低于二级。其中具备星级条件且设有空气调节系统的高级酒店和建筑高度超过 50 米的普通酒店，其耐火等级不应低于一级，最多允许层数不限。每个防火分区允许最大建筑面积为 1500 平方米；其他酒店可以采用二级耐火等级，层数不限，每个防火分区允许最大建筑面积为 1500 平方米。地下室每个防火分区允许最大建筑面积为 500 平方米。
裙房	裙房：高层酒店与其裙房之间设有防火墙等防火分隔设施时，其裙房的防火分区允许最大建筑面积不应大于 2500 平方米。

表 3–15　　酒店安全疏散能力评估

评估内容	评估标准
安全出口	酒店的安全出口数量应经计算确定，除规范另有规定外，酒店的每个防火分区及任一公共活动场所的安全出口不应少于两个，安全出口或疏散出口应分散布置，相邻两个出口最近边缘之间的水平距离不应小于 5 米。
楼梯间	楼梯的形式、宽度和数量及设置位置等均应符合相关技术规范的要求。
消防电梯	消防电梯的设置应符合相关技术规范要求。
防火门	应在设有火灾自动报警系统的酒店中设置与火灾报警装置联动的安全逃生门锁系统。对于平时经常有人进出而导致火灾时不能关闭的防火门，应采用电动常开防火门。

表 3–16　　酒店消防设施配置评估

评估内容	评估标准
多层酒店自动灭火系统	除不宜用水保护或灭火的场所外，任一楼层建筑面积大于 1500 平方米或总建筑面积大于 3000 平方米的酒店建筑宜设置自动喷水灭火系统。 设置在酒店的首层、二层和三层，且任一楼层建筑面积超过 300 平方米或设置在酒店地上四层及四层以上以及设置在酒店的地下、半地下的歌舞娱乐放映游艺场所应设自动喷水灭火系统。 设置在酒店的地下、半地下的建筑面积大于 500 平方米的商场宜设置自动喷水灭火系统。 设置在酒店中营业面积大于 500 平方米的餐饮场所，其烹饪操作间的排油烟罩及烹饪部位宜设置自动灭火装置。且应在燃气或燃油管道上设置紧急事故自动切断装置。

续表

评估内容	评估标准
高层酒店自动灭火系统	建筑高度超过100米的高层酒店及其裙房，除游泳池、溜冰场、建筑面积小于5平方米的卫生间和不宜用水扑救的部位外，均应设自动喷水灭火系统。 建筑高度不超过100米的具备星级条件且设有空调系统的酒店及其裙房和建筑高度超过50米的普通酒店及其裙房，除游泳池、溜冰场、建筑面积小于5平方米的卫生间和不宜用水扑救的部位外，均应设自动喷水灭火系统。 建筑高度不超过50米的普通酒店及其裙房的公共活动用房、走道、办公室、客房、自动扶梯底部和可燃物品库房，均应设自动喷水灭火系统。 高层酒店中的歌舞娱乐放映游艺场所、空调机房、餐厅、厨房以及经常有人停留或可燃物较多的地下室、半地下室等，均应设自动喷水灭火系统。 高层酒店的燃油、燃气的锅炉房、柴油发电机房宜设自动喷水灭火系统。可燃油油浸电力变压器、充可燃油的高压电容器和多油开关室，宜设水喷雾或除卤代烷1211、1301外的气体灭火系统。
多层酒店火灾自动报警系统	任一楼层建筑面积大于1500平方米或总建筑面积大于3000平方米的酒店建筑应设火灾自动报警系统。 设在多层酒店地下、半地下且建筑面积大于500平方米的商场应设火灾自动报警系统。 设置在多层酒店的地下、半地下或地上四层及四层以上的歌舞娱乐放映游艺场所应设火灾自动报警系统。
高层酒店火灾自动报警系统	建筑高度超过100米的酒店，除游泳池、溜冰场、卫生间外，均应设火灾自动报警系统。 建筑高度不超过100米的具备星级条件且设有空气调节系统的酒店和建筑高度超过50米的普通酒店，其走道、门厅、可燃物品库房、空调机房、配电室、自备发电机房、净高超过2.6m且可燃物较多的技术夹层以及贵重设备间和火灾危险性较大的房间、经常有人停留或可燃物较多的地下室，均应设火灾自动报警系统。其中，具备星级条件且设有空调系统的酒店客房和公共活动用房均应设置火灾自动报警系统。 建筑高度不超过50米的普通酒店，其面积大于500平方米的可燃物品库房、面积大于500平方米的营业厅、性质重要或有贵重物品的房间以及经常有人停留或可燃物较多的地下室应设置火灾自动报警系统。门厅设有自动喷水灭火系统时，可不设自动报警系统。
消防控制室	设有火灾自动报警系统和自动灭火系统，或设有火灾自动报警系统和机械防烟、排烟设施的酒店，应设置消防控制室。
灭火器配置	灭火器的配置应符合《建筑灭火器配置设计规范》的规定。

3 火灾风险减量管理与保险实践

表 3-17　　　　　　　　　酒店电气防火线路及设施布置评估

评估内容	评估标准
电气线路及照明	商店电气照明线路宜采用铜芯绝缘导线暗敷,吊顶内敷设的电气线路宜采用铜芯线穿金属管保护。火灾自动报警系统的电气线路应采用铜芯导线,并穿金属管保护。接线盒要封闭严密,有防火隔热措施。 照明线路要分段分路控制,每段线路的用电总功率不得超过额定值,以防超负荷过热引起火灾;库房内严禁使用临时线路。 超过 60 瓦的白炽灯、卤钨灯、荧光高压汞灯等不应直接安装在可燃装修或可燃构件上。照明器表面的高温部位靠近可燃物时,应采取可靠的隔热、散热等防火措施。
配电室	配电室宜单独设置,如果必须设置在客房楼内,应采用耐火极限不低于 2 小时的隔墙、耐火极限不低于 1.5 小时的楼板和乙级以上防火门与其他场所隔开。
消防用电	消防用电设备应采用专用的消防供电回路。

表 3-18　　　　　　　　　　酒店厨房餐厅防火能力评估

评估内容	评估标准
敷设燃料管线、配置灶具情况	厨房使用可燃气体作燃料时,应采用管道供气,管道严禁穿越客房和其他公共活动场所。 当采用瓶装液化石油气作燃料时,必须设置专门的储罐间,其设置位置、储量、防火间距和其他防火构造必须符合相关规范规定。 严禁在厨房内储存瓶装液化石油气罐。
排油烟系统的防火	排油烟管不应暗设,而应直通厨室外的排烟竖井。排烟竖井应设有防止回流设施。严禁支管通过其他房间。 排油烟管应采用不燃烧材料制作,柔性接头可采用难燃烧材料制作。 排油烟系统应设有导除静电的接地装置。 厨房排烟罩应每日擦拭一次。排烟管道应至少每季度请专业公司清洗一次。
用火用电情况	工作结束后,应关闭所有燃料供给阀门,熄灭火源,切断除冷冻设备以外的一切电源。
安全疏散系统	餐厅应根据设计用餐人数摆放餐桌,最大用餐人数不得超过额定人数;通道及出入口必须保持畅通,不得堵塞;应急照明系统和疏散指示标志必须完备好用。

3.3 火灾公众责任险国外经验

火灾保险起源于德国。1591年，德国汉堡市的造酒业者，成立了首家火灾合作社，后又合并成第一家公营保险公司：汉堡火灾保险局。但真正意义上的火灾保险是在1666年9月2日的伦敦大火之后发展起来的。那次大火，伦敦城被整整烧了5天，市内448亩的地域中的83.26%，373亩成为瓦砾，13200户住宅被毁，财产损失1200多万英镑，20多万人流离失所，无家可归。次年，牙医巴蓬独资设立营业处，办理住宅火险，并于1680年开办了一家4万英镑资本金的火灾保险公司。巴蓬的火灾保险公司根据房屋租金和结构计算保险费，并且规定木结构的房屋的费率为5%，砖瓦结构房屋保费的费率为2.5%。这种差别费率被沿用至今，因而巴蓬被称为"现代火灾保险之父"。

火灾公众责任险是指被保险人因火灾造成第三者伤害，为转移经营者风险而设立的保险。在保险期间内，被保险人在本保险合同载明的场所内依法从事生产、经营等活动时，因该场所内发生火灾、爆炸造成第三者人身损害，依照中华人民共和国法律应由被保险人承担的人身损害经济赔偿责任，保险人按照本保险合同约定负责赔偿。保险事故发生后，被保险人因保险事故而被提起仲裁或者诉讼的，对应由被保险人支付的仲裁或诉讼费用以及事先经保险人书面同意支付的其他必要的、合理的费用，保险人按照本保险合同约定也负责赔偿。公众聚集场所火灾事故发生后，利用公众场所火灾公众责任险作为其火灾事故的补偿机制，可以保证补偿资金的及时性和充分性，也是一种很好的补偿形式。

由于大部分经营者保险意识薄弱，存在侥幸心理，加之火灾公众责任保险的责任范围比较专一，费率水平比较低，保险公司缺乏推广该险种的动力，火灾公众责任保险推广普及状况很不理想。目前，我国火灾公众责任险的试点工作正在多个省市全面铺开，但是由于我国尚未出台统一的强制性法规，所以，我国火灾公众责任保险还尚在探索中前进。

火灾公众责任险在发达国家属于强制推行的险种，借鉴一些发达国家的经验，对于推行我国的火灾公众责任保险具有很大的借鉴意义。例如韩国在《火灾保险及赔付法》中规定了实行强制火灾保险的特定建筑的范围及其赔偿责任、保险责任等。同时该法规还规定，四层及四层以上的政府建筑、教育设施、商（市）场、医疗设施、娱乐场所、旅馆与住宅建筑、工厂、公寓以及《韩国总统令》中明确的其他人员密集的建筑为特定建筑，要求强制实施火灾人身伤害特定保险。此外，韩国在建筑法律中规定，具有一定规模的商场必须办理保险。在日本，房屋所有者一般都是贷款建房、购房，银行内部规定，如果房屋所有者不参加火灾保险，银行可以不发放贷款。日本出租房屋的租金往往明确写明含火灾保险费（对于不动产），出租者一般要求承租者对其使用的东西购买火灾保险（对于动产）。

通过上述火灾强制险可以极大地化解火灾风险，同时也激发相关人员的火灾安全意识，起到隐形减小火灾概率的作用。

4 风险减量管理的保险典型险种实践

4.1 道路交通风险减量管理

随着我国经济的高速发展和城市人口的逐步增加,我国的汽车保有量不断上升,驾驶员数量高速上涨。据国家统计局公布的《2014年国民经济和社会发展统计公报》(下称《公报》)显示,截至2014年年底,我国民用汽车保有量达到15447万辆,比上年末增长12.4%。

同时,道路交通风险也与日俱增。《公报》指出,全国道路交通事故万车死亡人数为2.22人。这一数字虽比2013年(万车死亡人数为2.3人)有所下降,但由于汽车保有量大幅增长,2014年的交通事故死亡人数为34292.34人,比2013年增长了8.5%。

保险作为社会的"稳定器",能够在道路交通风险管理中发挥重要作用。保险公司应发挥其在风险管理方面的优势,引导整个社会提高道路交通安全意识、消除交通事故隐患、保障道路交通安全。

4.1.1 道路交通风险减量管理概述

4.1.1.1 道路交通风险概述

根据道路交通风险的定义,我们可以将道路交通风险理解为客观存在的,由于各种因素导致的人们在道路交通活动过程中发生损失的不确定性。

由于道路交通是一个涉及人、车、环境三方面因素的动态系统工程,其风险因素也分为人的因素、车的因素和环境的因素。有学者通过对大量交通事故资料的深入研究,总结了各因素对交通事故的影响程度。下面将从这三个角度对道路交通风险作全面的分析。

4 风险减量管理的保险典型险种实践

表4-1 各因素对交通事故的影响程度

风险因素	英国的Subey的研究（百分比）	美国的Trea的研究（百分比）
单纯人	65%	57%
单纯车	2%	2%
单纯环境	3%	3%
人和环境	24%	27%
人和车	4%	6%
车和环境	1%	1%
人、车、环境	1%	3%

（1）人的因素

研究数据表明，所有与人相关的因素影响占了近95%的比例。作为道路交通的主要参与者，道路交通安全与人的行为息息相关，人对道路风险的感知和认识会影响其交通行为。根据人在道路交通中的角色，可以将人的因素分为机动车驾驶员因素和非机动车驾驶员因素和行人因素、车队管理者因素和社会监管者因素。

机动车驾驶员因素：在汽车行驶时，驾驶员行为是由信息感知、信息判断决策和作业反应组成的一个反复进行的信息处理过程。因此，驾驶员的驾驶"资格与技能""驾驶行为和习惯""生理和心理状态"以及"安全意识"等因素直接关系到驾驶行为的安全。

非机动车驾驶员和行人因素：在我国城市交通出行方式中，骑自行车和步行占很大比重。行人违反交通规则、不良出行习惯、道路安全意识淡薄等也是道路交通安全的主要风险隐患之一。

车队管理者因素：车队是指政府、企业和事业单位处于公务目的或经营目的，对经常性使用机动车辆的编组。在我国，车队可分为非营业车队和营业车队。无论车队规模大小、性质如何，还是车队管理者对车队驾驶员、车辆、行程等的管理制度及措施，都是车队道路交通风险管理的重要因素。

社会监管者因素：社会监管者是道路交通的直接管理者和维护者。如果他们对交通政策法规制定不完善、执法不严、监管不力、对突发事件的处理能力不强、对交通安全宣传不到位，将为道路交通带来巨大风险隐患。

表4-2 道路交通风险中常见的人的因素

驾驶员	驾驶资格与技能	• 无证驾驶或与准驾车型不符 • 驾驶经验不足、措施不当 • 应急能力差、无法应对复杂道路状况
	驾驶行为和习惯	• 急加/减速、急转弯、超速、违法超车等 • 不系安全带、接打电话、弯腰捡物等
	生理、心理状态	• 疲劳、饮酒、疾病、视力、听力等 • 思想不集中、情绪不稳定、处事不果断等
	安全意识	• 不遵守交通规则、存侥幸心理等 • 缺乏避让意识、疏忽大意
非机动车驾驶员、行人	不遵守交通规则	• 在机动车道行驶/行走、多人并排行走等 • 随意横穿马路和护栏、闯红灯等
	不良出行习惯	• 行走时戴耳机、玩手机等
车队管理者	对驾驶员的管理	• 车队安全制度建设和安全教育 • 驾驶资格能力的审核及驾驶技能培训 • 驾驶行为的监管和督导
	对车辆的管理	• 车辆的调度和管理 • 车辆的日常维护和保养
	对行程的管理	• 车辆运行状况的监控 • 对车辆运载货物/人员的管理 • 恶劣天气或危险路段行程安排
社会监管者	政策法规制定	• 驾照考试制度 • 汽车质量审核制度 • 汽车年检制度 • 交通法规和车辆违章制度
	执法力度	• 驾驶资格的考察 • 汽车生产制造、年检是否经过严格审核 • 对交通法规的执行
	交通监管	• 道路及其设施标识的维护 • 日常道路交通秩序的管理 • 突发事件应急处理能力
	宣传教育	• 公众对交通规则的了解和执行 • 公众安全出行的意识

4 风险减量管理的保险典型险种实践

（2）车的因素

车辆是道路交通中的载体和直接"参与者"，也是影响道路交通安全的重要因素。车况、车的性能等均直接关系到交通安全。此外，大型货车、客车、特种车等由于其特殊用途还存在一些特殊风险。

一般风险是所有车辆普遍存在的风险因素，主要包括车辆安全性能风险、车辆运行状况等。

特殊车辆风险，对于一些特殊用途的车辆，还存在某些特殊风险，如大型货车、客车，由于其车型、运载物特殊性等具备特殊风险，又如油罐车、推土车、消防车等，由于特殊用途和使用特点也有其特殊风险。

表 4-3　　　　　　　　道路交通风险中常见的车的因素

一般风险	车况	• 胎温、胎压、制动、转向、水温、电压、油耗、灯光、喇叭和雨刷等部件
	安全性能	• 一般安全措施，如车辆结构、防盗、防火、指示灯和各种信号装置等 • 主动安全措施，如牵引力控制系统、电子稳定性控制系统、电子制动分配系统、疲劳驾驶预警系统等 • 被动安全措施，如安全带提醒装置、智能安全气囊、儿童安全座椅、紧急事件自动通报等
	其他风险	• 被盗、被剐蹭、玻璃破碎、自燃等
特殊风险	货车	• 车辆在高速行驶、急加（减）速、急转弯时易发生侧翻等风险 • 超载，货物超高、超宽等风险 • 货物本身风险，如易燃易爆物、危险化学品等
	客车	• 车辆急刹车、急转弯时有引发人员受伤的风险 • 超员、乘客干扰司机安全驾驶等风险 • 乘客携带易燃易爆品
	特种车	• 特种车通常车身较大，司机的视觉盲区大，难于观察周围尤其是后面的车辆、行人等 • 特种车质量重、惯性大，因此制动慢、转向困难，容易出现占道现象 • 用于起重、升降、搅拌、挖掘、推土等的工程车，施工作业环境恶劣，容易因地面塌陷等发生损失 • 挖掘机容易造成电线、电缆、管道等设备损失 • 装载油料、气体、液体等专用罐车由于车身较高，容易发生侧翻等事故

（3）环境的因素

环境因素既包括道路因素，也包括影响道路交通的自然环境。道路是交通运输的基础设施，路面路基、道路设计、安全设施及标识以及实时路况都是影响道路交通安全的重要因素。此外，自然条件也是道路交通的重要组成部分，恶劣的天气和地理状况会对人、车、道路产生影响，带来一定程度的风险。

表4-4　　　　　　　　　　道路交通风险中常见的环境因素

道路条件	路面路基	● 路面强度、刚度、稳定性、平整度、抗滑性、耐久性等 ● 路基横断面行驶、宽度、中间带、高度、质量等
	道路设计	● 道路线性、视距、坡度、交叉路口设计、桥梁隧道设计等
	安全设施	● 各类交通标志、路面标线、护栏、照明、消防设施
	实时路况	● 交通拥堵、突发交通事故等
自然条件	气象	● 下雨影响司机视线，降低道路摩擦力；大雨积水可能造成车辆进水受损，车辆被淹甚至造成人员伤亡 ● 冰雪会使路面摩擦力严重降低，造成车辆打滑 ● 雾天能见度低，影响司机观察路况 ● 夜间行驶影响司机视线和视角，对面车辆开远光灯也对司机观察路况有影响 ● 大风、雷电、高温、严寒等恶劣天气
	地理	● 山地丛林：弯急坡陡路窄；桥梁、隧道、涵洞和隘口多，能见度低，通行能力低 ● 水网稻田：道路密度高但路面狭窄、路基松软、转弯半径小，不利于车辆通行 ● 戈壁沙漠：戈壁路面不平，易磨损轮胎；沙漠易陷车，风沙对车辆发动机磨损大

4.1.1.2　道路交通风险减量管理思路

在道路交通风险减量管理中，保险公司应借助其丰富的风险信息积累和风险管理经验，在产品设计与费率厘定、承保续保、灾后减损和客户服务等各环节，充分考虑人、车和环境因素，引导和帮助被保险人主动防范风险、控制风险，从而达到风险减量的目的。

4.1.2　道路交通风险减量管理的传统技术

保险公司在道路交通风险减量管理中的传统技术手段可以反映在以下几个

环节中。

4.1.2.1 产品设计和费率厘定

目前,保险公司的机动车辆保险主要有车辆损失险、第三者责任险、车上人员责任险、盗抢险和机动车交通事故责任强制险等基本险,以及玻璃单独破碎险、火灾爆炸自然损失险、车身划痕险、车上货物责任险等附加。这些保险产品的条款设计和费率厘定能部分体现被保险人的风险信息,在一定程度上可以引导被保险人主动降低风险,具体体现在以下几个方面。

➢ 产品条款设计。通过除外责任控制道路交通风险中的人的因素。如车损险将"驾驶人饮酒、吸食或注射毒品、药物麻醉造成车辆损失""驾驶人无证驾驶""驾驶人驾驶车辆与驾驶证准驾车型不符"等列为除外责任。这些除外责任对驾驶员资格、某些危险驾驶行为有一定约束力,从而降低一些人为风险因素。

➢ 费率厘定。通过一些指标,将道路交通中人和车的部分风险因素直接或间接地反映在费率中,从而利用价格杠杆,驱动被保险人降低风险。例如,目前大多数保险公司在确定车损险的费率时都十分重视从人因素、从车因素以及环境因素。

■ 从人因素主要包括性别、年龄、驾龄、违章肇事记录、索赔记录、婚姻状况、驾驶员数量、职业、健康状况、个人嗜好和品行等。

■ 从车因素主要包括车辆种类、厂牌型号(进口还是国产、价值高低、性能如何、车辆的可修复性等)、使用性质(自用车、营业用车还是非营业用车)、车辆新旧、安全配置、排气量等。

■ 此外,也有少量从环境因素考虑,如主要行驶区域、车辆停放地点等。

4.1.2.2 承保续保

承保续保环节是保险公司与被保险人为数不多的主要接触点之一。保险公司通过核保了解被保险人和车辆的风险信息、通过约定承保条件(如免赔额)达到激励被保险人提升风险管理意识的目的。具体体现在以下几个方面。

➢ 承保新业务时一般要了解的情况包括以下几点。

■ 车辆本身及其维修情况和与之相关的风险。包括车身、车型、维护状况、意外损失、火灾风险等;若加保盗抢险还应考虑车辆被盗抢的风险。

■ 车辆用途和行驶区域。

■ 车辆驾驶员的基本情况。包括驾驶员的年龄、视力、听力、四肢健康状况、驾车经验、驾车习惯、职业等因素。

➢ 续保时主要通过核查以往车辆出险记录，查清原因，确定是否需更改续保条件，对未出险的被保险人提供无赔款优待。

如果某些被保险人或被保险车辆被评估为风险极高，就面临着更苛刻的承保条件，通过这些强制手段，促使被保险人降低风险。

4.1.2.3 灾后减损

传统车险业务中，除承保外，出险报案是保险公司与客户最主要的接触点。交通事故发生后，为客户提供紧急风险处理建议、快速道路救援等服务，可以帮助被保险人降低灾后损失，促进风险减量。

4.1.2.4 客户服务

除了保险产品，保险公司还能通过一系列直接或间接的客户服务措施，帮助客户提高风险管理意识，提高风险管理水平，进而实现风险减量。

➢ 通过增值服务，直接服务客户：通过短信、网络或手机客户端为客户自然灾害预警信息及相关安全出行建议；向客户普及紧急交通事故处理措施等。

➢ 通过社会或公益活动，间接服务客户：联合交通部门通过分析交通事故频发地点优化道路设施、道路标识、增加道路交通安全宣传教育；与车企或政府部门共同建立车辆安全评级、研究先进汽车安全技术；等等。如德国安联保险集团早在1932年就成立了"安联技术中心"，致力于工业技术与安全的研究，并作为研究汽车安全性的先导，将安全带引入了汽车工业。

在道路交通风险管理的传统技术手段中，除了价格杠杆，保险公司都处于被动地位，与被保险人的接触点少、缺乏主动防灾防损的手段。由于道路交通中的人为因素是最主要的风险来源，所以道路交通风险减量管理主要应由被保险人完成，仅仅依靠传统技术手段，保险公司很难控制风险。保险公司要想更深入地参与、引导被保险人风险减量管理过程，就需要借助车联网等新型技术手段，让被保险人主动采取风险管理措施。

4.1.3 车联网技术在道路交通风险减量管理中的应用

4.1.3.1 车联网技术简介

根据我国车联网产业技术创新战略联盟的定义，车联网是以车内网、车际网和车载移动互联网为基础，按照约定的通信协议和数据交互标准，在车与车、

4 风险减量管理的保险典型险种实践

车与路、车与网、车与人之间,进行无线通信和信息交换的大系统网络,是能够实现智能化交通管理、智能动态信息服务和车辆智能化控制的一体化网络。

车联网系统由感知层、网络层和应用层构成。感知层对车辆进行识别和定位、获取车辆信息、感知行车状态和路况环境。网络层主要负责车与车、车与路、车与网、车与人等的数据传输。应用层是一个云架构的车辆运行信息平台,也是围绕车辆的数据汇聚、计算、调度、监控、管理与应用的复合体系。

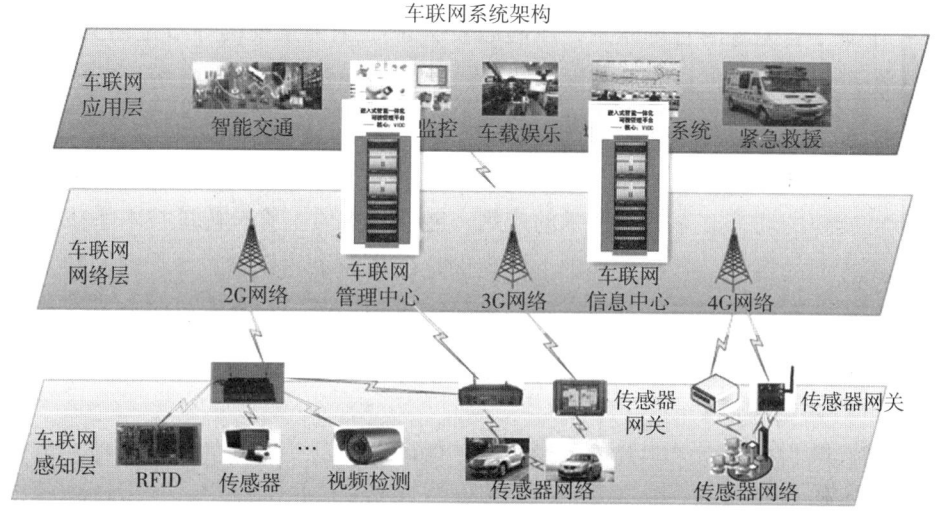

图 4 - 1 车联网系统架构

在我国,从 2005 年至 2013 年,车联网用户数已从 5 万户增长至 400 万户。我国各级政府和各相关部门也高度重视车联网技术及产业的发展,特别是 2011 年交通运输部对"两客一危"车辆强制安装车载终端设备的政策要求后,车联网商用车市场发展迅速。

在风险减量管理方面,车联网技术具备传统技术不可比拟的优势:它能够获得更精准,更丰富,更详细,更动态的人、车、环境数据,因此能更精准地识别风险、预测风险和管理风险。

表 4 - 5　　　　　　　　车联网数据与传统数据对比

因素类型	传统数据	车联网数据
从人因素	年龄、性别、婚姻、职业、驾驶经验、信用记录 是否吸烟、酗酒等	行驶里程、速度 急加/减速次数、急转弯次数 出行时段等

续表

因素类型	传统数据	车联网数据
从车因素	车龄、厂商、型号、座位数、购买时间、车辆类型等	胎温、胎压、水温、电压、油耗
从环境因素	住所环境、地形地貌、用途等	行程信息、实时位置

4.1.3.2 车联网技术在道路交通风险减量管理中的应用

作为一套完整的管理体系，风险减量管理中至关重要的环节是防灾防损。防灾防损也是有机连接产品开发、定价、承保、理赔和客户服务等环节的重要因素。

然而，纵观道路交通风险减量管理的传统技术，恰恰缺少了防灾防损这一个不可或缺的环节。车联网技术的应用，能够从本质上弥补传统技术手段在防灾防损方面的短板，并在此基础上优化保险公司传统的风险减量管理的技术手段，从而大幅度提高道路交通风险减量的效率和效果。车联网已成为道路交通风险减量管理的利器。

（1）防灾防损

车联网与传统技术手段的本质区别是能够获得每个客户的，更直接、更精准、更丰富、更动态，反映"人—车—环境"信息的数据。因此能精准地识别每个客户的风险特征、预测风险事故，从而有效地采取防灾防损的手段。

➢ 从人因素看：首先，利用车联网技术能防范驾驶员风险。通过实时监测驾驶者急加（减）速、急转弯、疲劳驾驶等信息，并在危险驾驶行为发生时发出报警，实时提醒驾驶者安全驾驶；通过驾驶行为打分等功能，能够积极引导驾驶员改善驾驶习惯。其次，车联网技术为车队管理者提供了安全管理的手段，能够降低车队管理风险。在人员管理方面，车联网技术使车队管理者能及时了解驾驶员驾驶行为、行驶状态等，便于及时风险提醒，对危险驾驶行为多的驾驶员重点关注。在车辆管理方面，能实时监控所处位置、车况状态等，便于车辆管理调度和维护保养安排。在行程管理方面，利用车联网技术提供的轨迹回放、路径规划、围栏管理等功能，能够了解每段行程的详细情况，为驾驶员提供最合理的路径提示、危险地段禁入提醒等。最后，对于道路交通的监管者，车联网为其提供了一个实时的、动态的网络监管平台，能更好地为日常监管和事故后调查等提供帮助。

➢ 从车因素看：车联网技术能够实时感知车辆运行状况，对车辆的风险隐患进行报警提醒；防盗功能可以减少车辆被盗风险；随着车联网技术的发展和完善，专门针对货车、客车、特种车的特殊风险防范方案也逐渐完善。

➢ 从环境因素看：可以通过车联网平台向驾驶员推送天气预警信息、路况预警信息、危险路段信息等，为驾驶员安排最安全的行程计划提供依据；可以通过对车联网采集的车辆在全国各地各级公路上的运行信息的整合分析，寻找并标记各类事故的高发路段，并分享给驾驶员，提醒其注意；及时发现路面路基、道路设计、路标设施的问题和风险隐患，为交管部门完善道路交通条件提供依据。

总的来说，车联网技术能从人、车、环境三方面多管齐下，洞察并预防人、车、环境中的风险因素，开展有针对性的、切实有效的防灾防损措施，从而降低风险水平。

（2）产品设计与费率厘定

在产品条款设计方面，传统手段只能通过除外责任约束被保险人的驾驶资质和行为，然而这种约束力非常弱，无法监控。借助车联网技术，一方面能够回放事故发生时车辆的位置、轨迹、司机的驾驶行为等信息，更清晰地判断事故是否属于除外责任，因此对被保险人的约束力更强；另一方面能够通过更丰富、更个性化的产品条款设计来防范道路交通中的风险。如在除外责任中增加类似"发生事故时有未运行联网设备"的条款。当未来技术条件更成熟时，甚至可以通过视频检测、图像处理、眼动监测等技术，识别驾驶员疲劳驾驶、接打电话、收发短信、弯腰捡物等行为，并将这些责任列入除外责任。

在费率厘定方面，传统技术手段由于无法获取直接与司机驾驶行为、车辆性能状况等相关的风险信息，因此只能从年龄、性别、职业、驾龄、历史出险记录等方式粗略判断驾驶员的风险水平；从车辆品牌、使用年限、保养程度等方面了解车辆的风险水平。然而，车联网技术的出现让我们能够直接获取驾驶员真实的驾驶行为参数、车况信息参数，将新的信息作为风险因子引入车险定价，实现个体保费的差异化，实现个体风险与费率的匹配。同时，借助收集动态变化的车联网数据，能够提升费率调整频率，支持以每月、每周甚至按照每日、每次行程的保险定价模式，及时反映驾驶行为变化，更有利于鼓励驾驶员改善驾驶行为,降低风险。

背景资料:UBI 的定价模式。

UBI(Usage‑Based Insurance,基于使用量的保险),是一种以车辆使用和驾驶习惯为基础的定价模式。主要包括基于里程定价(Pay As You Drive,PAYD)模式、基于驾驶行为定价(Pay How You Drive)模式以及里程和驾驶行为结合的定价模式。

基于里程定价模式,通常行驶里程越短,车险保费越低,反之则越高。这类车险产品有助于车主主动控制用车次数和行驶里程,减少风险暴露。典型产品如 State Farm 的 Drive safe&save。

基于驾驶行为定价模式,车险费率主要根据被保险人的驾驶行为表现确定,驾驶行为越安全的车主,费率越低。这类车险产品有助于鼓励车主培养安全的驾驶习惯和意识。典型产品如 Progressive 的 Snapshot。

里程和驾驶行为结合的定价模式一方面引导车主减少驾车,从而减少了风险暴露;另一方面引导车主改善驾驶行为,双管齐下降低风险。典型产品如 Insure the Box。

表 4-6　　　　较成熟的车联网保险产品降低风险效果

保险公司	国家	产品	定价方式	风险管理效果
State Farm	美国	Drives afe 和 save	基于里程	2012 年,公司赔付率相较 2011 年降低了 5 个百分点,并有持续下降的趋势。
Progressive	美国	Snapshot	基于驾驶行为	2013 年,综合成本率下降 60 个基点,其中赔付率的降低起到了重要作用。
Insure the Box	英国	Insure the Box	基于里程,并根据驾驶行为赠送里程	由年轻驾驶者造成的交通事故降低 35%~40%;84% 的 17~25 岁的驾驶员续保时节省保费超过 200 英镑,反映了该群体驾驶行为的改善。

(3)承保续保

借助车联网技术,能够增加高风险客户的可保性,从而扩大车险业务覆盖面。车联网技术有望成为实现道路交通风险减量管理的"杀手锏"。

有些车队业务风险一直居高不下。对于保险公司,由于面临极高的风险,通常设置苛刻的承保条件甚至拒绝承保;对于车队,由于缺乏有效的风险管理手段，无法降低风险，同时也无法获得保险服务。而车联网技术为我们提供了强大的防灾防损手段，因此能够通过风险减量管理改善车队的服务质量，既降低了保险公司需要承担的风险，又能让车队客户享受到保险服务。

案例：英国 Insure the Box 公司利用车联网降低"年轻男性驾驶员"群体的风险水平

英国 Insure the Box 公司是一家成立于 2010 年，专注经营车联网保险产品的保险公司。在英国，由于"年轻男性驾驶员"这一群体出险率较高，且损失金额较大，大多数保险公司拒绝承保，或要求其支付非常高的保费，通常是普通驾驶员的数倍，因此形成了一个无人问津的"剩余市场"。

该公司为这一群体提供了基于里程的保险产品，通过车联网技术一方面记录客户的实际里程，另一方面根据获取的驾驶行为情况，向安全驾驶的驾驶员给予额外的安全奖励里程。此外，通过车联网，Insure the Box 公司向客户提供了车辆失窃定位、事故报警与救援等增值服务。有需要的年轻人父母还可通过手机 App，对子女驾驶行为进行动态监控。

Insure the Box 公司 2013 年 5 月发布的研究报告显示，由年轻驾驶者造成的交通事故在车载设备的远程监测下降低 35%~40%。此外，对 2012 年 6 月至 2013 年 5 月的 1681 位客户的调查发现，84% 的 17~25 岁的驾驶员续保时保费节省超过 200 英镑。续保保费的降低实际上也反映了该群体驾驶行为的改善。

对于特种车辆，鉴于赔付率和案均赔款很高，而单均保费低，加之风险管控专业性强、难度大，各保险公司对特种车均设置了严格的承保条件（如严格要求以往出险记录、无折扣、特别约定各种除外责任等），并且严格限制承保规模（如搅拌车、水泥泵车等）甚至禁止承保（如部分公司将挖掘机列为禁止承保的业务）。随着车联网技术的发展，可以探索针对各特种车辆的专业风险解决方案，通过降低特种车辆的风险，增强其可保性，扩大承保范围。

（4）灾后减损

在事故发生的第一时间，驾驶员能够通过车联网平台的呼叫中心获得及时的服务，包括紧急风险处理建议、快速道路救援服务和附近维修点信息等。通过提高事故处理效率，及时疏导交通，以防引发其他交通事故，避免扩大损失。

另外,通过将理赔事故信息与车联网数据联合建模,探索风险因子,进行风险预测和提示,不断提高风险减量管理技术。

(5) 客户服务

利用车联网技术,保险公司可以为客户提供更多直接增值服务,如违章查询、路况信息、天气预警、路径导航、限高、限宽、限速和危险路段提醒等;对于车队用户,保险公司可以提供的服务项目有:车队车辆安全管理、路径规划、电子围栏、驾驶员行为评价与管理。

在社会公共服务方面,将车联网设备记录的事故发生前后司机的驾驶行为、日常驾驶中的不良习惯等,经分析整理后向驾驶员公开,用直接、真实的案例和数据进行安全宣传活动,对公众更具有说服力。

总之,车联网技术提供了有效的防灾防损手段,增加了保险公司与客户的接触点,使保险公司能够更深入地参与到车辆风险管理的过程中;同时还能通过个性化的产品,通过丰富、及时、有效的客户服务,引导客户主动提高安全意识,改善驾驶行为,降低风险水平。车联网是未来道路交通风险减量管理的重要手段。

车联网属于智能交通系统(Intelligent Transport System,ITS)的范畴,是智能交通系统现阶段的发展重点。随着不停车收费系统、车载辅助安全系统、先进辅助巡航公路系统的发展,与道路基础设施(如路上检测系统、可变信息板、信标、数字地图、光纤网络以及专用短程通信系统等)进行集成,形成一个开放公用的基础平台,将车载装置一元化并实现车路一体化协调,未来智能交通系统将在风险减量管理中发挥重要作用。

4.2 意外事故及责任风险减量管理

党的十八大以来,党中央、国务院明确提出在安全生产、电梯安全、工程质量、生态环境等社会治理的重点领域引入责信险机制、强化风险防控服务的工作要求。面对责信险广阔的发展空间,相关主体纷纷布局责信险领域,加强政企互动,着力强化风控服务的专业能力建设,市场竞争趋于白热化。

4.2.1 安全生产领域

以应急管理部的成立为标志,我国城市公共安全风险管理体系不断完善,各项政策力度不断加大,2020年《安全生产法》修正案,确立了高危行业领域强制安全生产责任险的法律地位,并鼓励其他行业投保,为安责险等城市公共安全风险保障领域相关的责任保险发展创造了历史机遇。

在多元共治的社会背景下,生产企业对保险的需求由事后赔偿向事前预防过渡。从企业的现实需求出发,人保财险在提供保险保障的基础上,创新引入安全生产风险评估、风险预防、过程管理、隐患整改等增值服务,帮助企业提升风险防范能力和安全管理水平,探索出"嘉兴安全工厂""安责险佛山模式""湖南'智慧工地'模式"等典型经验做法,得到各级政府和企业的认可。

以湖南"智慧工地"模式为例,人保财险在为建工企业提供安责险的同时,设计开发出"智慧工地"系统,为企业提供风险检查、风险评估、隐患整改、安全培训、应急演练等风控服务,辅助工地开展安全管理,事故发生率呈现逐年下降趋势,风控服务取得明显成效。2015年至2018年,人保财险承保的湖南省建筑施工企业的安全生产事故数和死亡人数连续三年持续双下降,出险率从22.98%下降至11.91%,意外死亡人数从55人下降至42人。

图4-2 "智慧工地"平台主界面

又如,嘉兴"安全工厂"模式,人保财险运用物联网等先进科技手段为投保企业制定"安全工厂"风险解决方案,将风控关口和风控服务前置,帮助企业管控风险隐患。2019年,为嘉兴市近800家企业提供风险保障超过20亿元,委派专家现场为企业开展隐患排查服务近1400场次,发现隐患近万例,其中3千多例已实现整改,承保企业的安全管理水平得到提升。

图4-3 聘请第三方专家为某化工企业开展安全生产隐患现场排查工作

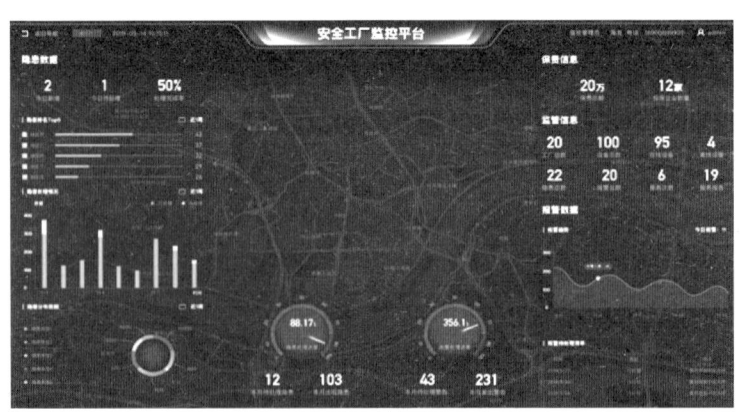

图4-4 嘉兴安全工厂监控平台

2020年4月1日,国务院安全生产委员会印发《全国安全生产专项整治三年行动计划》。文件明确提出:2021年年底前,各地区应急管理部门全部建立安责险信息化平台；2022年年底前，对所有承保安责险的保险机构开展预防服务技术情况实现在线监测，并制定实施第三方评估公示制度。建立信息化风险服务管理平台势在必行。这就要求我们积极践行风险减量管理理念，从企业新型风险服务需求出发，加快推动风控服务体系建设，利用科技赋能，不断提升风控服务能力，在服务社会治理现代化过程中推动公司责任险向高质量发展转型。

4.2.2 环境治理领域

为积极贯彻党的十八大关于生态文明建设的重大战略实施，建立生态文明长效工作机制，人保财险在提供环境污染责任保险保障的基础上，引入专家风控服务，对企业的环境风险进行评估，对隐患进行排查并提出改进建议，建立起多方参与和监督的企业环境风险监测机制，推动环境改善，形成"环责险无锡模式""环责险湖州模式""安环险衢州模式"等典型经验做法。

以"环责险无锡模式"为例，在政府引导推动下，人保财险积极引入第三方环境风险评估体系，搭建环境污染责任保险环境安全信息云平台，构建保险公司、企业、政府部门三位一体的环境风险预警与防范系统，开展现场勘查工作，帮助企业排查环境风险隐患，引导企业防范化解环境风险。截至2019年，无锡市累计参保企业超过8千家次，累计承担责任风险限额80亿余元，对7500多家企业进行了环境风险现场勘查与评估，出具评估报告7500余份，帮助企业排查出较大环境污染安全隐患37500多处，发现问题65000多条，提出环境安全相关建议74000多条，为企业安保人员进行风险防范培训5400多人次。"环责险无锡模式"得到中央领导的批示肯定。又如，"环责险湖州模式"，强化信息共享、银保联动、奖惩联合，统筹考量企业的环责险投保、落实环境风险监管整改、债务偿还情况，实施差别化措施。再如，"安环险衢州模式"，针对安全生产事故与环境污染事故可能相伴发生的痛点，探索形成集安全生产和环境污染风险保障为一体的安全生产和环境污染综合责任保险（简称"安环险"），同时引入第三方机构，为企业排查隐患，提供风险管理服务，上线发布具有现场服务支持、统计分析、隐患闭环管理、查看服务报告和特殊作业管理等功能的"安环云"平台。

截至2019年，衢州市"安环险"参保企业已达近300家，保障人数近4

万人，为企业提供超过190亿元风险保障，聘请服务机构为全市参保企业累计提供了近6千次现场服务，共发现风险隐患近9千处。同时在参保企业的积极配合下，隐患整改率达到90%。

图4-5　公司组织环境专家前往企业进行环境风险现场勘查与评估，出具评估报告，帮助企业排查安全隐患，提出整改建议

图4-6　安全生产环境污染综合保险云服务平台手机端：统计、展示企业详情；展示专家详情、派遣任务；查看服务过程、记录服务情况；查看报告、隐患整改确认

环责险领域创新模式开展的关键在于，取得当地生态环境主管部门的支持。在没有配套政策的情况下，单纯的展业推动难度较大，很难形成规模，且模式创新工作难以开展。业务推动中要积极对接在生态环境治理模式创新方面持开放和支持态度的地方生态环境主管部门负责人，推动主管部门出台政策性文件，并力争推动在保费补贴、税收优惠、信贷联动等方面给予配套措施，为

环责险的"保险+服务"创新模式创造条件。

2007年以来，根据原国家环保总局会同保监会联合发布的《关于环境污染责任保险工作的指导意见》，先期试点的14个省市纳入环境污染责任保险试点的企业主要是位于环境敏感区域，如水源保护的污染企业以及高污染高风险企业，主要集中在危险化学品相关、危险废物处置相关、重金属污染相关的企业。例如，浙江、湖南、广东推行的环境污染责任保险主要集中在化学品污染和重金属污染相关行业；江苏无锡、云南昆明等试点成效显著城市投保行业分别集中在太湖流域、滇池流域等环境敏感区域内污染企业；山西将煤炭和电力纳入环境污染责任保险试点，上海将内河流域比较发达的船舶运输作为环境污染责任保险的突破口。

2013年，根据原环保部、中国保险监督管理委员会发布的《关于开展环境污染强制责任保险试点工作的指导意见》要求，开展环境污染强制责任保险试点的行业主要包括：一是涉重金属企业，包括重有色金属矿（含伴生矿）采选业、重有色金属冶炼业、铅蓄电池制造业、皮革及其制品业、化学原料及化学制品制造业等行业内涉及重金属污染物产生和排放的企业；二是按地方有关规定已被纳入投保范围的企业，都应投保环境污染责任保险；三是其他高环境风险企业，国家鼓励石化行业企业、危险化学品经营企业、危险废物经营企业以及存在较大环境风险的二噁英排放企业等高环境风险企业，投保环境污染责任保险。

2013年《关于开展环境污染强制责任保险试点工作指导意见》发布之后，北京、山东、陕西、辽宁、新疆、江西、青海、贵州等也陆续出台了地方性指导文件。截至2014年2月，大部分省（自治区、直辖市）都在进行环境污染责任保险的试点工作。本研究初步整理了已经开展环境污染强制责任保险试点省份的行业汇总（见表4-7），可以看出，各地环境污染责任保险试点行业并不完全一致，行业范围非常广泛，几乎涉及所有的污染企业类别，但以涉重金属、危险化学品生产经营单位、危险废物的产生、收集及处置企业等环境风险较高的企业为主。

表4-7　　　　试点省份开展环境污染责任保险行业范围

地区	试点行业
北京	重点组织重金属排放单位、危险化学品生产经营单位、危险废物产生单位、危险废物经营许可单位等环境风险较高的企业，开展环境污染责任保险试点。

续表

地区	试点行业
河北	在从事生产、经营、储存、运输、使用、排放有毒有害化学品企业,危险废物产生、收集运输、储存、处置企业,排放重金属企业进行环境污染责任险试点工作。
山东	(一)按照国家有关规定,下列产生、排放重金属污染物的企业应当投保环境污染责任保险:1.重有色金属矿(含伴生矿)采选业:铜矿采选、铅锌矿采选、镍钴矿采选、锑矿采选和汞矿采选业等;2.重有色金属冶炼业:铜冶炼、铅锌冶炼、镍钴冶炼、锡冶炼、锑冶炼和汞冶炼等;3.铅蓄电池制造业;4.皮革及其制品业:皮革鞣制加工等;5.化学原料及化学制品制造业:基础化学原料制造和涂料、油墨、颜料及类似产品制造等;6.近3年内发生过严重污染事故的企业。 (二)鼓励下列其他高环境风险企业投保环境污染责任保险:1.石油天然气开采、石化、化工等行业企业;2.生产、储存、使用、经营和运输危险化学品的企业;3.产生、收集、储存、运输、利用和处置危险废物的企业;4.使用Ⅰ、Ⅱ、Ⅲ类放射源的企业;5.产生、排放二噁英污染物的企业。
河南	化工行业。
上海	危险化学品生产、储存和运输企业,化工区内企业,放射源使用单位和重点污染监管单位。
江苏	太湖流域一级保护区范围内存在环境污染风险的所有工业企业;饮用水源地二级保护区范围内的所有工业企业;医院、学校、大型居民住宅区等环境敏感区300米范围内的所有工业企业;化工、污水处理厂、垃圾填埋厂(场),生产、经营(未设置仓储的除外)、储存、使用危险化学品的企业;危险废物经营、处置企业;冶金、钢铁、电镀、焦化、制药、皮革、造纸、制浆、印染、酿造、铸造、柠檬酸、塑料制造(加工)、水泥制造、机械制造、橡胶制品加工、火力发电、垃圾焚烧发电、电池生产等企业。
浙江	生产使用危险化学品、危险废物处置等单位。
黑龙江	以生产、储运、运输、使用危险化学品的行业,储运、运输、处理处置危险废物的行业,矿山采选、石油化工、钢铁、有色金属冶炼等重金属行业为重点,同时鼓励支持其他高风险企业购买环境污染责任保险。
辽宁	支持和鼓励产生、收集、储存、运输、利用和处置危险废物的单位投保危险废物污染损害责任险种;除强制投保的五大类涉重金属企业外,辽宁省还将四大类其他高环境风险企业列为强制参保企业,包括:位于饮用水水源保护区和重要流域的高环境风险企业,曾经发生过环境污染事故的企业,被环境保护部门挂牌督办、绿色信贷限制、限期整改或多次处罚过的企业,生产、储存、使用、经营和运输危险化学品的企业。把包括石油天然气开采行业在内的三大类行业列为鼓励参保企业。

续表

地区	试点行业
内蒙古	主要为化工行业。
甘肃	生产、经营、储存、运输和使用危险化学品的企业；易发生污染事故的石油化工企业以及危险废物处理处置企业；列入国家和省环境保护规划中重点防控区重金属污染企业；涉铅企业（特别是铅蓄电池和再生铅企业）；全省范围内的化工、重金属冶炼、有色、金属矿采选、沿江沿河等高环境污染风险企业，饮用水水源地保护区范围内的所有工业企业；全省环境安全隐患大排查确定的存在环境安全隐患的重点企业；鼓励上述范围以外的企业积极参加环境污染责任保险。
陕西	涉及重金属的企业；石油、天然气、煤炭及其他矿产资源开发企业；生产、经营（未设置仓储的除外）、运输、储存、使用危险化学品的企业；产生、运输和处理处置危险废物的企业；污水处理厂、垃圾填埋厂（场）；化工、冶金、制药、造纸、印染、酿造、建材、火力发电等企业；饮用水水源地保护区内的所有工业企业；处于环境敏感区域的污染企业；曾经发生过环境污染事故的企业。鼓励上述范围以外的单位积极参加环境污染责任保险。
山西	煤矿采选、化工、非煤矿山采选、冶金、焦化、电力、医药、建材等高环境污染风险企业。
新疆	强制责任保险试点行业为重金属污染防控企业，同时也鼓励有条件的非试点地区和重点行业企业开展环境污染责任保险投保的探索工作。 试点区域将重点选择易发生污染事故、生产储存运输危险化学品、石油、化工等企业，以地区为单位推荐3至5家高环境污染风险防范企业，作为首批鼓励开展环境污染责任保险试点的投保企业。
江西	先行在重金属污染防控的以下三个重点行业开展点，待时机成熟后再逐步推开。一是重有色金属矿（含伴生矿）采选业，铜矿采选、铅锌矿采选、镍钴矿采选、锡矿采选、锑矿采选和汞矿采选业等；二是重有色金属冶炼业：铜冶炼、铅锌冶炼、镍钴冶、锡冶炼、锑冶炼、汞冶炼等；三是铅蓄电池制造业。
安徽	(1) 采矿业企业（黑色金属、有色金属、非金属矿采选业），重金属污染物排放企业；(2) 生产、经营（未设置仓储的除外）、储存、使用危险化学品的企业；(3) 使用Ⅰ、Ⅱ、Ⅲ类放射源的单位；(4) 从事危险废物收集、储存、处置经营活动的单位；(5) 化学原料及化学制品制造，黑色金属冶炼，有色金属冶炼，金属表面处理，炼焦，学药品原药制造，皮革加工（皮革鞣制、毛皮鞣制），酒精制造等企业；(6) 国控、省控重点污染企业，近3年内发生过严重污染事故的企业。鼓励其他企业自愿投保。

续表

地区	试点行业
湖北	重点在生产、经营、储存、运输、使用危险化学品企业，易发生污染事故的石油化工企业、危险废物处置企业，以及近年来发生重大污染事故的企业、行业及武汉城市圈进行试点。试点企业按照环保部等部门有关要求，在以下企业开展环境污染强制责任保险试点：（1）涉重金属企业、涉及重金属污染物产生和排放的企业。重有色金属矿（含伴生矿）采选业、重有色金属冶炼业、铅蓄电池制造业等。（2）高环境风险行业。①石油天然气开采、石化、化工等行业企业。②生产、储存、使用、经营和运输危险化学品的企业。③产生、收集、贮存、运输、利用和处置危险废物的企业，以及存在较大环境风险的恶英排放企业。④对饮用水源地构成潜在威胁的高排放企业。⑤其他高环境风险企业。
湖南	化工、有色、金属矿采选、砷制品、涉镉等高环境污染风险企业。
广东	（1）生产、储存、运输、使用危险化学品的企业；（2）储存、运输、处理处置危险废物的企业；（3）铅蓄电池和再生铅企业；（4）广州、深圳、汕头、韶关、佛山、中山、东莞、清远、惠州、江门、肇庆、云浮12个国家和省重金属污染防控重点区域内涉重金属企业；（5）钢铁、有色金属冶炼、矿山采选、石油化工、电镀、印染、鞣革、化学制浆造纸及味精、酒精生产企业中被列为国家和省重点监控的企业。
广西	涉重金属企业、涉铅蓄电池行业和再生铅行业必须在2011年9月底前投保环境污染责任保险。位于重点区域的重点企业及环境风险较大的生产企业必须投保环境污染责任保险。各市环保局及时对辖区内属于试点范围内的化工、重金属冶炼、有色金属矿采选、沿江沿河等高环境污染风险的企业进行环境安全隐患大排查，凡存在环境安全隐患的企业一律列为环境污染责任险。
四川	首先在石油化工企业，危险废物处置企业，生产、经营、储存、运输、使用危险化学品企业，以及容易发生环境污染事故的行业和处于环境敏感区的重污染企业开展保险试点；其次逐步向钢铁生产、有色金属冶炼、电镀、机械制造、制药、制革、印染、造纸、酿造等行业推进。
重庆	涉重金属企业，石油天然气开发、石化、化工等行业企业，生产、储存、使用、经营和运输危险化学品的企业，产生、收集、储存、运输、利用和处置危险废物的企业，存在较大环境风险的二噁英排放企业，以及环保部门确定的其他高环境风险企业。

续表

地区	试点行业
云南	滇池流域2920平方千米范围内从事生产、经营、储存、运输、使用危险化学品的企业，危险废物收集、运输及处置企业，以及钢铁、有色金属冶炼、电镀、化工、焦化制气、制药、皮革、造纸、制浆、印染、酿造、铸造、电石、铁合金、柠檬酸、矿山开发、火力发电、食品加工、烟草制品加工、塑料加工、机械制造、橡胶制品加工、垃圾焚烧发电企业应当参与环境污染责任保险；流域以外从事生产、经营、储存、运输、使用危险化学品的企业，危险废物收集运输及处置企业，以及钢铁、有色金属冶炼、电镀、化工、焦化制气、制药企业应当参与环境污染责任保险；鼓励滇池流域以外从事皮革、造纸、制浆、印染、酿造、铸造、电石、铁合金、柠檬酸、矿山开发、火力发电、食品加工、烟草制品加工、塑料加工、机械制造、橡胶制品加工、垃圾焚烧发电企业参与环境污染责任保险。

从各地试点来看，目前的环境污染责任保险和责任赔偿范围包括：①第三方因污染损害遭受的人身伤亡或者财产损失。②投保企业（又称被保险人）为了救治第三方的生命，避免或者减少第三方财产损失所发生的必要而且合理的施救费用。③投保企业根据环保法律法规规定，为控制污染物扩散，或者清理污染物而支出的必要而且合理的清污费用。④由投保企业和保险公司约定的其他赔偿责任。

4.2.3 建筑工程领域

近几年，国家持续推动建筑领域审批制度改革，精简行政审批，鼓励运用商业化手段确保施工质量，不断提升建工领域安全治理水平。仅2019年，住建部、水利部等部委先后6次发文，19个省市陆续发文鼓励开展建筑行业类保险。

质量潜在缺陷保险（简称IDI）业务是依托风控服务而生的一项业务，风控的效果决定了业务的经济可行性。建筑行业在潜在缺陷责任期发生的风险，实际上是前期设计、建设阶段形成的隐患。公司通过组织专业的TIS服务机构，从设计阶段就介入进行风险控制，从而减少未来的赔付。事前进行风险识别，对工程勘察、设计、材料、设备等专业，以及施工过程重点部位和工序进行分析，建立风险清单，以分类方式，设立共检点，明确会审机制；事中按风险清单要求，对重点部位、工序进行监控，并定期组织质量安全检查，形成报告。

从 2005 年原建设部《关于推进建设工程质量保险工作的意见》提出在工程建设领域引入工程质量保险制度，到 2017 年住建部《关于开展工程质量安全提升行动试点工作的通知》要求，逐步建立起符合我国国情的工程质量保险制度，我国一直在探索建立工程质量保险制度。

参考国际上工程质量保险体系通常采用的工程质量潜在缺陷保险加职业责任险方式，我国也以 IDI 作为工程质量保险体系的主力，并以新建住宅为切入点着力发展 IDI 市场。发展至今，我国作为世界上每年新建建筑最多的国家，IDI 在新建住宅中的普及率却处于较低水平：尽管目前已有多省份发文试点 IDI，但除上海、北京、深圳外，IDI 在大多数地区尚未实现大规模业务开展。

因此，在看好 IDI 发展前景的同时，我们还需破解掣肘 IDI 市场发展的因素，推动 IDI 在全国加速复制推广。

4.2.3.1 保险责任期限设置有待延长

国际上 IDI 的保险责任期限通常最长为十年。如最早开展 IDI 的法国以工程竣工后的 10 年为保险期限，并有相关规定：在完工十年后，质量缺陷责任方的质量责任解除，工程权利人不能再就质量缺陷起诉各责任方。

在我国，IDI 的保险期间一般为工程竣工后 2 年起的 10 年。而我国《建筑法》规定：建筑工程保修的期限应当按照保证建筑物合理寿命年限内正常使用，维护使用者合法权益的原则确定。与《建筑法》相配套的《建设工程质量管理条例》则明确：基础设施工程、房屋建筑的地基基础工程和主体结构工程，为设计文件规定的该工程的合理使用年限。

IDI 作为工程保险中承保时间最长的长尾保险产品，已然以较长的保险期间给保险公司带来了较大的承保压力。加之缺乏足够的质量保险经验数据、成熟的质量风险管理经验，试点期间 IDI 从十年起保也较为稳妥。

实践中一些地区已经在保险期间设置上体现出本地化特征，如《河南省房屋建筑工程质量保险实施办法（试行）》要求主险中主要项目的保险期限至少为 10 年，《海南省房屋建筑工程质量潜在缺陷保险试点工作方案》也明确地基与基础工程、主体结构工程保险赔偿责任期限不少于 15 年。当然，未来保险公司还应借鉴国际上较为成熟的承保经验，逐步扩展保险期间，更要主动匹配法律规定。

4.2.3.2 TIS机构和监理机构定位模糊

2017年，住建部《关于促进工程监理行业转型升级创新发展的意见》针对监理企业提出：适应推行工程质量保险制度要求，接受保险机构的委托，开展施工过程中风险分析评估、质量安全检查等工作。因此在实行工程质量保险制度后，监理该如何定位、TIS机构（IDI承保公司聘请的质量风险管理机构）和监理机构如何分工，也成了IDI市场发展的一大挑战。

监理机构和TIS机构存在着一定的职能交叉：监理机构主要依照法律、行政法规及有关技术标准、设计文件和建筑工程承包合同，对承包单位实施监督；TIS机构则主要围绕保险责任内容，对建筑工程实施全过程质量风险控制、为保险人评估和控制承保风险。然而，目前尚无中央政府部门或行业权威机构对二者的分工作出明确规定，既容易导致两者的责任推诿、恶性竞争等问题，也不利于监理机构转型和TIS机构培育。

值得注意的是，一些地区已先行"作答"：上海《关于推进建设工程风险管理制度试点工作的指导意见》明确参与风险管理制度试点的风险管理机构应具备甲级监理资质，是"监理单位成为TIS机构"的地方实践；《雄安新区工程建设项目招标投标管理办法（试行）》提出"逐步推行工程质量保险制度代替工程监理制度"，则是"TIS机构代替监理机构"的地方创新。

当然，这些创新都要求建筑工程质量管理体系配套更新：监理的责任转变涉及政府监管制度、业主管理模式的巨大变化，保险的责任承担也要求保险市场发挥中坚力量。

4.2.3.3 风险控制效果尚待实践检验

IDI的作用不仅在于对在保险范围和保险期限内出现的由于工程质量潜在缺陷所导致的投保建筑物损坏进行维修或赔偿，还体现在对质量潜在缺陷风险的全过程控制。尽管国际经验已证明IDI能够有效提升建筑工程的质量水平，但我国IDI市场尚未作出有力回答，难以消除政府对IDI风险控制效果的疑虑，进一步影响政府对IDI的推行动力。

一般而言，TIS机构主要通过现场检查与非现场检查，采取预控、过程控制和跟踪验证的方法控制质量风险；保险公司则主要在审核分析TIS机构的评估意见后，提交建设单位协商解决。因此IDI风控效果主要面对两大挑战：TIS服务内容待规范、IDI风控工作未融入住建质监体系。

值得注意的是，行业协会已为规范 TIS 服务内容作出努力：2018 年中国保险行业协会发布《建筑工程质量潜在缺陷保险质量风险控制机构工作规范》，2020 年中国勘察设计协会也启动了《建筑工程质量潜在缺陷保险技术风险管理服务规程》的编制工作。另外，上海市 2018 年投产运行的 IDI 信息平台已实现了保险公司出单系统、报案理赔系统和上海市住房和城乡建设管理委员会建设市场管理信息平台的协同管理，也为质量风险事件报送提供了路径。

未来还应健全 TIS 机构的行业管理规则、业务操作规范、纠纷处理流程、数据交换方法，并推动 IDI 深度融入住建质量管理体系，为 IDI 市场发展铲除制度障碍。

当前，我国 IDI 市场主要面对保险责任期限短、TIS 机构和监理机构职能交叉、风险控制效果尚待实践检验三大主要挑战。但整体而言，IDI 市场的蓬勃发展趋势不可阻挡，未来还需坚持"政府引导、市场运行、先行先试、逐步推广"，稳扎稳打推动 IDI 市场发展。

4.2.4 特种设备安全领域

近年来，中央和相关部委多次发文，鼓励和支持责任保险积极参与特种设备安全治理。国务院于 2018 年 2 月发文要求积极发展电梯责任保险，国家市场监管总局特种设备局于 2019 年发文要求全面推进电梯责任保险，力争电梯责任保险覆盖率提高到 30% 以上。

人保财险公司电梯保险开展至今，除保障电梯第三者人身财产损失外，现已形成电梯"保险＋维保监督""保险＋维修更换补偿""保险＋物联网监控""养老保险"等多种"保险＋服务"模式，实现事前风险预防、事中风险监控、事后风险补偿的电梯全生命周期风险减量管理，共建电梯安全社会共治体系。

在引入风险检查服务的基础上，"宁波模式"通过电梯维保二维码打卡、现场维保质量巡查、定制化报告等方式实现全方位维保监督，维保完成率提升至 98% 以上，平均故障率下降 37%。"杭州模式"通过制定电梯"养老"方案，实现电梯从维保、维修到整梯置换的全生命周期保障。成都率先撬动住宅专项维修资金投保电梯维修保险，打通保费来源，同时引入物联网设备，实现电梯 7×24 小时安全监控。

4 风险减量管理的保险典型险种实践

图4-7 工作人员与维保方讨论电梯安全标准

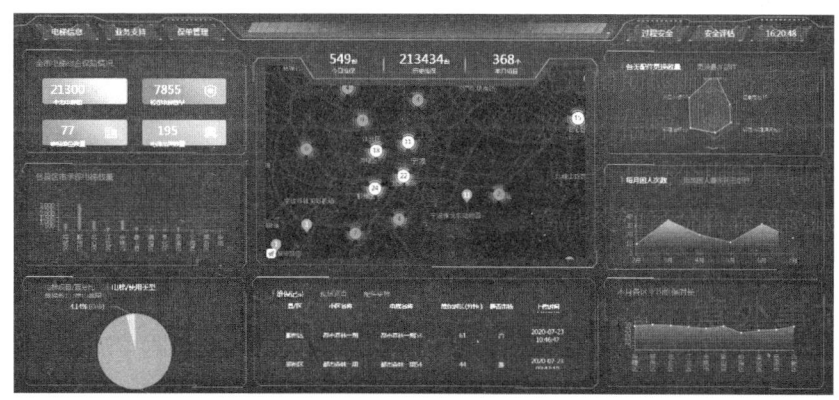

图4-8 宁波模式电梯卫士平台

在上述各类模式中,"维保监督"模式较易开展,可作为入门方案。在增加"维修置换"后,可大大杜绝电梯安全隐患,但需电梯专业团队支撑,技术壁垒相对较高。无论采用何种模式,均需秉持"保险为本、服务增值"的理念，以风险减量为初衷，以成本利润考量为准则，优化商业模式转型升级，推动电梯保险业务实现可持续健康发展，积极服务电梯安全治理。

4.3 农险风险减量管理

在农业保险的经营过程中，面向未来的农险防灾防损内涵是要解决好从现有的静态存量风险管理向动态风险减量管理的转变，即保险公司应当充分发挥社会风险管理的优势，通过农险防灾防损工作，努力打造一个"管理+服务"的风险减量管理平台，有效降低农业风险，在服务农业的同时，实现自身的业务发展和经营效益。

农险业务政策属性较强，承保方案、产品定价以政府引导为主，为进一步落实中央各项政策及农业保险条例，各级农险业务承办机构主动作为、积极参与当地农险业务承保方案制定工作，协助政府相关部门发布承保政策，深度参与保险产品设计、风险费率定价等风控关键环节。同时，结合自身农险业务经营，及时与相关部门、客户沟通适时修订产品，根据当地灾害及农村经济发展特点，研发地方特色保险、创新指数产品等。

长期以来，监管高度重视农险业务流程的合规风控管理，人保财险严格落实监管关于农险承保理赔实务规范要求，在内控制度、实务操作、系统建设、人员培训、授权管理、风险筛查、内部稽核等各环节均提出严格要求，针对外部关注重要风险点执行刚性管控。

在日益激烈的农险市场环境下，为巩固公司市场主导地位，增加客户黏性，提升业务经营质量，人保财险农险条线加大防灾减损投入，积极参与当地政府部门防灾减损工作，鼓励分支机构针对重点客户、重点业务、重点区域、重点灾害提供必要的防灾防损服务。

为抢占保险新技术应用制高点，加快农险高质量发展转型，人保财险公司农险条线在无人机、遥感、生物识别、AI 技术、物联网、移动互联、大数据应用等新技术领域均有不同程度的应用，为业务风控管理及服务质量提供了必要的技术支持。

4.3.1 养殖险生物识别

养殖险业务难点在于标的数量难以确定，道德风险较高。为此，人保财险结合行业技术创新,率先施行养殖险耳标号管理,通过保险标的佩戴专标、电子耳标或DNA技术鉴定等技术,建立养殖险标的库,有效降低养殖险赔付风险。目前,能繁母猪、奶牛保险均实现戴标承保,电子耳标及DNA技术在广西、福建等地试行,但在实践中相应的费用及人工成本对技术推广有一定影响。

4.3.2　AI技术及大数据在农险中的应用

针对农险规模大户现场验标难度大、标的数量识别难等问题,人保财险探索AI点数、一拍知长/重、面积测算、重复照片筛查等功能,开展业务承保关键环节风控工作。目前,由于数据积累程度及业务算法合理性等问题,该技术仍处于试点阶段。

4.3.3　无人机及遥感技术在农险中的应用

为进一步提升农险服务质量及效能,人保财险利用无人机、遥感等技术试点开展承保验标、大灾理赔等相关工作,例如森林大火、暴雨洪涝等大灾获得行业内外一致好评。

为解决保险经营中的信息不对称、理赔成本高和效率低等世界性难题,人保财险积极开展遥感空间信息技术应用研究与实践。

2013年,人保财险获得国家发改委批准,开展"基于国产卫星的农业保险精确承保与快速理赔综合服务平台与应用示范"研究,打造了卫星遥感、无人机遥感和地面调查相结合的"天、空、地"一体化的保险立体服务体系。在26个省(市、区)及两个计划单列市开展了保险遥感应用,完成16种保险标的、13种灾害类型,无人机航拍超过300架次,面积超过5000平方千米,卫星影像面积超过20多万平方千米,在农业大面积灾害、雅安地震和"8·12"天津大爆炸事故等大灾中取得了较大的经济和社会效益。《遥感技术应用案例》成功入选国家发改委主办的2016年中国"互联网+"行动百佳实践。

为总结经验在全行业推广,人保财险承担了保标委委托的《基于遥感技术的农业保险精确承保和快速理赔规范》金融行业标准制定工作,并已正式发布。

4.4 健康险风险减量管理

4.4.1 将健康险经营引入管理被保险人"生命资产负债表"

从"负债"端做"减法",即保险人从传统的收取保费和支出赔款的角色,转变为被保险人的健康风险管理师,合理引导和干预被保险人的健康行为,倡导健康生活管理方式,从而减少发病风险和降低出险程度,为被保险人增加生命资产。同时,在保险公司承保利润之外,要考虑为被保险人和社会创造其他价值,即实现保险产品的"溢价"。

4.4.2 将减量管理全面纳入产品开发的各个周期

产品开发时,可以将各类非标体市场纳入承保范围,将健康保险与慢病管理等健康险服务相结合,从承保即开始介入被保险人健康风险管理。如美国 BlueStar 与第三方健康管理公司 WellDoc 合作,开发出一系列针对慢病管理的保险产品,并对被保险人进行全程线上线下管理,降低慢性病人群发病率,提高其生活质量,从而最终控制慢性病并发症发病率,降低理赔支出。目前针对糖尿病人群,一些再保及第三方服务公司,开发出一种新型糖尿病产品,可将已罹患 II 型糖尿病的病人纳入承保范围并保障糖尿病人的常见并发症医疗费,同时该产品还融入健康管理功能,提供专属糖尿病的人的健康管理计划和视频问诊等服务,将保险与健康管理深度融合。

4.4.3 增强预防意识,帮助客户管理健康"资产"

通过自营与第三方机构合作,提供多样化的与健康保险相关的服务,将倡导健康生活方式,减少被保险人发病率纳入保险方案的一部分。同时,通过管理被保险人的健康资产,增加客户黏性及忠诚度。如在公司自营平台引入"健康保险+服务"的解决方案,为被保险人提供多样化的增值健康管理服务。

4.4.4 运用新技术,实现数字化风控

通过大数据及 AI 技术,实现两核数字化运营,提升效率及准确性,并通

过技术手段排查道德风险及逆选择问题。目前，有直保公司与再保及第三公司合作，引入数字风控工具，将高风险或未如实提供健告的被保险人做出初步筛选，降低逆选择及道德风险，进一步提高了风控的有效性。在某些发达市场，也有保险人将区块链技术引入保险核保及理赔，实现了自动化承保及理赔，极大地提高了风险判断的准确性及效率性。如新加坡大都会人寿与技术公司Cognizant将区块链技术应用到妊娠期糖尿病保险的案例。

4.4.5 典型慢病风险减量管理

4.4.5.1 糖尿病

（1）传统管理方式：患者筛查＋随访＋体检发现患者

筛查主要指通过患者主动诊测血糖、诊疗过程测血糖以及居民健康档案建立过程中对居民基本症状询问交流中发现糖尿病患者。

对于已确诊的糖尿病患者，相应卫生室每年提供4次面对面的随访。通过测量空腹血糖、血压、体重等方式计算患者体质指数（BMI），通过足背动脉搏动、询问患者疾病情况和日常生活习惯，如吸烟、饮酒、运动、主食摄入等情况，及患者服药情况。然后根据病情进行分类干预。

（2）互联网＋糖尿病风险减量管理

在日常生活中，居民自行通过智能血糖仪定期测量血糖并自动上传到慢病物联网数据采集平台，当血糖异常时，系统自动将预警信息发送至专属家庭医生客户端、慢病患者及其家属。

家庭医生接到预警信息时，可即时查阅患者病例及健康档案，判断糖尿病患者病情发展阶段，并且给出诊疗方案。同时，慢病管理大数据分析平台将结合慢病物联网数据采集平台采集的患者相关数据，评估糖尿病患者病情，从药物、运动、膳食等多维度给出干预建议，辅助医生决策。

根据医生的诊疗方案，互联网干预平台通过短信、微信、App等多种途径，以文字、图片、视频、音频等多种形式，定期、适时、自动推送健康知识、用药提醒、运动提醒、餐前膳食提醒，以及药品交易和药品配送服务。

患者也可通过网络、手机等，即时联系到专属家庭医生进行远程咨询与问诊。当家庭医生不能解决患者病症时，可自行通过慢病管理干预辅助平台发出申请，联系到相关医疗专家和专科医院，完成远程会诊或双向转诊服务。

医生通过互联网随时了解患者的生命体征、生活状态等相关数据,及时修改诊疗建议,大幅度降低患者疾病风险。

4.4.5.2 高血压

(1)传统管理方式:测量血压+定期随访管理+体检发现患者

根据病情进行非药物干预或药物干预。非药物干预主要通过改善高血压患者及其高危人群的不合理生活方式,降低危险因素水平,达到预防和控制高血压的目的,主要包括改善膳食、控制体重、体育锻炼、戒烟限酒、平衡心理等。药物干预则是通过药物达到降压。

(2)互联网+高血压风险减量管理

通过互联网建立患者健康档案,患者使用家用检测设备或社区慢病中心设备采集体征信息并上传至互联网平台,由专业医生按患者病情制定测量指标和频率,定期进行监测。日常指标监测规定了预警范围,一旦患者的异常体征数据采集上传,数据不在预警范围内,系统就会自动弹跳预警消息,在医生客户端提醒健康管理师或社区医生患者的异常情况。健康管理师或责任医生采取电话、网络或者家访的方式了解患者情况数据监测异常的原因,确认患者真实情况并及时给予治疗建议。

4.5 堤防保险风险减量管理

为全面贯彻习近平总书记"节水优先、空间均衡、系统治理、两手发力"治水新思路,运用保险方式解决堤防工程设施灾害风险。将不固定的灾害分散支出转化为可预算安排的固定保险费支出,帮助各级水利部门和水利设施管理单位更加有效地应对自然灾害和意外事故,增强防灾针对性和有效性,促进堤防设施灾后尽快修复和恢复正常运行。近年来,我国福建、浙江等地相继开展了堤防保险业务,获得了政府的肯定。

堤防保险标的为水利系统及乡镇政府管理的三至五级江海堤防,包括土堤、石堤、混泥土堤以及混合堤等。其本身包含路堤结合部分及穿堤建筑物,不含堤防以外的道路、民房、农田场地等其他设施。根据江堤、海堤,按照三级、四级、五级,保险金额定价不同。保险责任方面,主要保障由于自然灾害造成保险标的直接物质损坏或灭失(如堤防结构破坏,漫顶、溃堤、决口、堤面滑移失稳、堤基掏空）以及产生的清理、抢险、抢修的费用。

随着近年来堤防保险的开展，各地政府和保险公司不断总结经验，越发重视防灾防损工作。以福建开展的堤防保险为例，目前已经逐步建立了堤防的"三查机制"，包括汛前巡查、灾前巡查和定期巡查，并在保险合同中明确提出了巡查要求和惩奖举措。同时，保险合同要求设立防灾防损基金，基准防灾防损基金为当年保险费的 10%，视当年的赔付率情况，防灾基金最高可达当年保费规模的 35%。防灾防损基金主要用于安全隐患的排除，用于防灾防损支出、开发堤防风险管理系统、其他费用支出等。

2018 年 7 月台风"玛莉亚"来临前，福建省水利厅联合人保财险福建省分公司、国寿财险福建省分公司共同下发"关于抗击超强台风'玛莉亚'做好堤防保险工作的通知"，共同开展灾前巡查工作，有效防止了溃堤决堤事件的发生。

5 遥感技术在风险减量管理的应用与保险实践

5.1 遥感技术简介

随着保险业务规模的增长，信息不对称、理赔成本高和效率低等难题日益凸显，制约着保险业服务"三农"和服务社会的深度和广度。承保时，难以精确确定承保标的位置和数量，承保风险管控困难。理赔时，特别是大灾后，受灾范围大、查勘环境恶劣、专业支撑不够，救灾和理赔难度大、效率和准确性低。一旦灾害发生，很难在第一时间单纯依靠人力进入现场掌握整体灾情。在灾后的损失评估中，也很难单纯依靠人力精确评估受损情况，不利于快速合理安排灾后补偿工作。

基于新技术创新应用的商业模式创新，成为保险转型的必然选择。随着遥感技术迅猛发展，无人机及卫星产业不断壮大，技术集成度不断提高，已形成了空间信息服务模式，产生了巨大的经济效益，也为遥感技术保险应用提供了数据和技术基础。

引入遥感等空间信息技术，综合运用卫星遥感和无人机遥感技术，可实现保险标的空间化，为承保和理赔工作提供空间数据和分析管理，有效解决信息不对称、理赔成本和效率难题，提升保险的风险管理水平，促进保险经营模式的转变。由此可以充分发挥保险业的三大职能，特别是社会风险管理职能，更好地服务"三农"和和谐社会的建立。

遥感数据按数据源不同，可分为卫星、航空和无人机遥感数据。其中，卫星遥感数据是遥感技术在农业领域应用的重要数据源，具有低成本、覆盖广等特点。国际上应用较为广泛的卫星数据包括 MODIS、AVHRR、哨兵系列（Sentinel－1/2）、Landsat 系列（Landsat－1/2/3/5/7/8）、WorldView 系列

（WorldView－1/2）、ALOS 系列卫星等。我国先后发射了不同的陆地资源卫星、测绘卫星、环境卫星、高分卫星等。

航空和无人机遥感具有灵活自由、分辨率高、数据类型丰富等特点，成为当前遥感应用的热点。机载光学、热红外、高光谱、SAR、LiDAR 等传感器为农田精确遥感监测提供了丰富可靠的数据源。通过对受灾区域面积分析，可以快速准确地测量出受灾面积，并对受灾区域进行等级评估。为防灾减灾、高产稳产以及农业保险承保理赔等提供理论支持。

5.2 应用思路

自 2011 年开始，中国人保财险公司通过与国内外顶尖专业科研机构开展战略合作，积极加强遥感等空间信息技术创新应用。2013 年，人保财险公司紧抓国产卫星产业化契机，申请并获得国家发改委批准立项，开展"基于国产卫星的农业保险精确承保与快速理赔综合服务平台与应用示范"研究。从技术研发、数据获取、产品生产、应用服务多个环节打通整个保险遥感产业链。打造了卫星遥感、无人机遥感和地面调查相结合的"天、空、地"一体化的保险立体服务体系，形成了基于遥感技术的"按图承保"和"按图理赔"新模式。

以 3S（RS、GIS、GPS）技术为核心的空间信息技术可以为保险承保、理赔等各个环节提供技术支持。在承保阶段，3S 技术可以为承保标的信息化管理、风险评估和费率厘定提供数据和平台支撑，解决信息不对称问题，提升农业保险业务的空间风险分析和管控能力。在理赔阶段，主要有三个方面的应用：一是进行灾情总体评估。从宏观上了解灾害的总体损失情况及空间分布，解决因信息不对称而造成的报损不准问题。二是指挥调度查勘理赔力量。根据遥感影像反映的灾害损失情况，可根据灾情严重程度，按照严重受灾地区、中等受灾地区和轻度受灾地区分类，科学合理地配置查勘定损力量，及时奔赴受损地区实地进行抽样查勘定损，目的明确，安排合理，并节省查勘时间和人力物力，可提高理赔效率，降低运营成本。三是为政府部门和客户提供规避和减轻灾害风险的建议。基于遥感影像进行灾害损失评估，及时科学地向政府和客户汇报和介绍灾害损失情况，说服力强，有利于政府和客户及时采取防灾防损和恢复措施，从而减少损失，达到共赢的结果。同时，也可以防止因缺乏有效、准确信息而造成灾情被夸大（或缩小），解决双方对灾情认识的不统一问题。

通过引入遥感等空间信息技术，以遥感技术为核心，以地理信息系统为平台，以全球定位系统为辅助，打造"天、空、地"一体化的保险立体服务体系，推动保险经营模式实现三个转变。

一是保险承保由目录台账式管理到空间信息化管理的转变。引入遥感等空间信息技术，在传统承保清单属性信息（被保险人、面积等）的基础上，加入标的空间分布信息，在承保端锁定农作物种植面积和空间位置，防止承保不足、不准问题，形成"按图承保"新模式，提升服务农户的精度和效率。

二是理赔定损由以地为主的传统评估模式到"天、空、地"一体化评估模式的转变。根据不同作物类型、灾种、受灾面积、区域和定损标准需求，综合运用卫星遥感、无人机遥感和地面调查三种方式。以卫星遥感进行全区域总体调查和灾情快速评估，以无人机遥感进行区域面状抽样和精确调查，以地面调查进行区域点状抽样和遥感调查验证。优势互补，有效地平衡成本和效率，提高评估精度，形成了"天、空、地"一体化的"按图理赔"模式。"天、空、地"一体化的评估结果，能够科学地反映灾害损失情况，说服力强，防止因缺乏有效、准确信息而造成灾情虚报误报，解决政府、农户和保险公司对灾情认识不统一问题。

三是理赔调度由粗放调度向精确调度转变。通过卫星遥感进行总体灾情快速评估，从宏观上了解灾害的总体损失情况及空间分布，特别是人力无法达到地区的受灾情况。根据遥感影像反映的灾害损失程度和理赔标准，针对重、中、轻地区，科学合理地配置查勘力量，可以有效减少查勘时间和人力物力，提高理赔效率，降低运营成本。

5.3 遥感技术在农业保险领域的应用

农业保险是农业风险管理和农业支持保护体系的重要手段，也是惠农强农政策和民生工程的重要部分之一，已引起世界各个国家的关注。农业保险在提高农业抗风险能力、促进农业产业化和结构化、保障粮食生产安全等方面具有重要的意义。如今，随着农村经济的不断增长以及农民参保意识的提高，农业保险的地位不断提升，制度不断完善，发展方向多元化，并得到了国家各级政府的大力支持。这预示着农业保险进入一个崭新的阶段，该阶段将面临着机遇与挑战并存的局面。农业保险的挑战来源于监管部门对运作规范的严格要求，政府及参保农民对服务质量、水平的严格要求等。因此，保险公司及相关行业人士应充分总结过去农业保险的发展历程，面向未来新需求、新形势和新技术，探究农业保险升级改革之道。以投保人的根本利益为出发点，建立健全农业保险制度，完善农业保险法律体系，发展农业保险相关理论和技术，从而降低自然灾害给农户带来的直接经济损失，有效分散农业风险，最终促进农业经济可持续发展。

近年来，农业保险随着社会经济的不断进步而发展壮大，但也出现了各种不同程度的问题，比如成本较高、专业支持不够、风险控制能力较低、信息严重不对称、理赔效率低、道德风险管控能力不足等，使农业保险资金补偿、融通以及社会管理职能等作用无法正常发挥。作为分散风险的重要手段之一，传统的农业保险经营模式已不适应国家乃至世界新环境和新形势，创新求发展已然成为眼下最为迫切的任务，应在保险种类、保险服务环境、保险风险管理、保险承保理赔效率等方面进行深入研究，并提出创新对策，从而提高其发展水平，促进其发展新进程。

随着我国综合国力的不断提升和科学技术水平的不断发展，要有效解决农业保险经营过程中存在的问题，需保险公司与国家减灾部门、遥感数据源单位、科研单位以及各大高校通力合作并积极探索，共同打造成基于遥感技术手段的"按图承保，按图理赔"新模式。通过遥感手段将空间信息引入农业保险新的经营模式，快速有效地解决信息不对称、成本较高、理赔效率低、道德风险管控能力不足等问题。将大量的人力物力从中解放出来，从而提高农业保险承保和理赔的效率。"按图承保，按图理赔"的两大核心环节是"精确承保，快速理赔"。"按图承保"是专业技术人员利用遥感影像数据，对保险标的属性和空间信息进行数字化整合，使保险标的位置和面积精确化，提高农业保险在承保方面风险管控能力。"按图理赔"是专业技术人员利用遥感技术手段，在灾后快速进行灾情严重程度评估，从宏观上及时掌握灾情总体态势，为更好地分层次展开理赔工作提供科学依据，提高理赔的效率，从人力物力方面节约了理赔的成本。

5.3.1 基于遥感技术的按图承保

5.3.1.1 "按图承保"的意义

"按图承保"离不开遥感卫星技术以及无人机技术的支撑，其依靠多方数据信息，对保险标的进行灾害综合风险评估，为保险公司确定费率厘定和保险核保提供科学的理论依据，并以图作为承保出单的凭证。"按图承保"阶段主要利用遥感影像，包括国内外数十颗卫星数据，进行数据融合处理，得到农作物种类、面积、"四至"、长势、历史灾害状况，灾害发生频率等数据信息，以及数十年温度、湿度、土壤水分等农业气象数据，从而获取人类肉眼无法察觉的农作物变化潜在风险。

"按图承保"可以有效改善农业保险的承保效率和质量。在承保阶段，利用遥感卫星、无人机等科学技术手段，可以方便远程定位到保险标的，甚至是难以到达的偏远投保地区，大大节省了保险公司人力物力的投入。新型遥感农业保险可以使信息可视化、数字化、直观化、共享化，让政府、保险公司和投保人随时随地，动态掌握农作物生长状况以及未来生长趋势。

农作物种植面积监测。不同农作物在遥感影像上呈现的颜色、形状、纹理也不同，专业技术人员通过遥感图像解译得到农作物的空间信息和属性，从而测定出农作物的种类、面积等信息。

农作物长势监测。农作物长势监测主要针对农作物从出苗到拔节这一苗期的苗情进行监测、针对各个阶段生长发育状况进行监测、针对农作物各个阶段动态变化进行监测。例如，一般利用遥感归一化植被指数 NDVI 反演叶面积指数 LAI，从而推演出农作物长势状况，为远程农作物长势监测提供了科学依据。

农作物产量估测。将农作物波谱特性与遥感卫星影像数据相结合，并加入可提高预测精度的影响因子，构建农作物波谱特性与其产量之间的关系模型，通过模型的推演得到农作物生长发育情况，并估测出未来农作物的产量。在反演过程中，要注意遥感影像中出现的同谱异物或同物异谱现象，否则会给农作物产量估测带来很多麻烦。

农作物病虫害监测。农作物在不同的生长发育阶段，会遭到病虫害侵染，包括真菌性病害、细菌性病害、病毒性病害以及线虫病病害等。面对农作物病虫害，需要分阶段严密监测，做到防御为先，避免发生此灾害，出现病虫害时能及时控制灾情，将其损失降到最低。现今，利用遥感科学技术对农作物病虫害进行实时动态监测，其原理为发生病虫害时，农作物在遥感影像上的光谱特征会发生变化，从而判断出农作物是否受到病虫害侵染，为政府或农户预先做好防治工作提供科学依据。

5.3.1.2 "按图承保"的原理以及工作流程

"承保"是保险人按保险合同的约定承担保险责任，即投保人按保险合同的约定向保险人缴纳保险费。在保险合同约定的期限内，保险人对投保人投保的保险标的发生保险责任时，保险承担经济赔偿责任或给付责任"承保"是一种经济活动。

"按图承保"是把遥感数据、无人机采集数据以及地面查勘数据相结合，对保险标的进行空间信息、属性信息、面积和"四至"等数字化，并生成多层次、多方位的保险标的分布图，将数据录入大数据平台，做到足不出户监测保险标的所处状态。"按图承保"依附于"卫星＋大数据"实现精准农业保险承保。其技术流程如图5-1所示。

承保前，利用无人机、卫星遥感和地面实地勘察三种调查手段，对农作物标的进行空间分布制图和面积估算，绘制出农作物标的分布图。承保中，将历史灾情数据、遥感数据等相结合，对农作物进行风险评估，确定费率，并按图进行承保出单。承保后，利用遥感技术手段对农作物长势进行监控，预防农作物出现大面积减产，甚至绝产，做到早预防、早发现、早控制，建立健全农业保险"赔付机制"和"防灾防损"新体制。

5.3.2 基于遥感影像的按图理赔

5.3.2.1 "按图理赔"的意义

"按图理赔"具有一定的社会和经济效益，卫星遥感技术和无人机遥感技术将保险标的空间信息和属性信息数字化，一方面可以在灾后从宏观上为政府、保险公司以及农户提供较为全面的受灾情况，使政府能够快速启动应急救灾方案，使保险公司在第一时间启动快速理赔程序；另一方面能够使保险公司降低灾后理赔成本、提高理赔工作效率，从而节省了大量的人力物力资源，并使保险公司能够充分地参与社会风险管理。

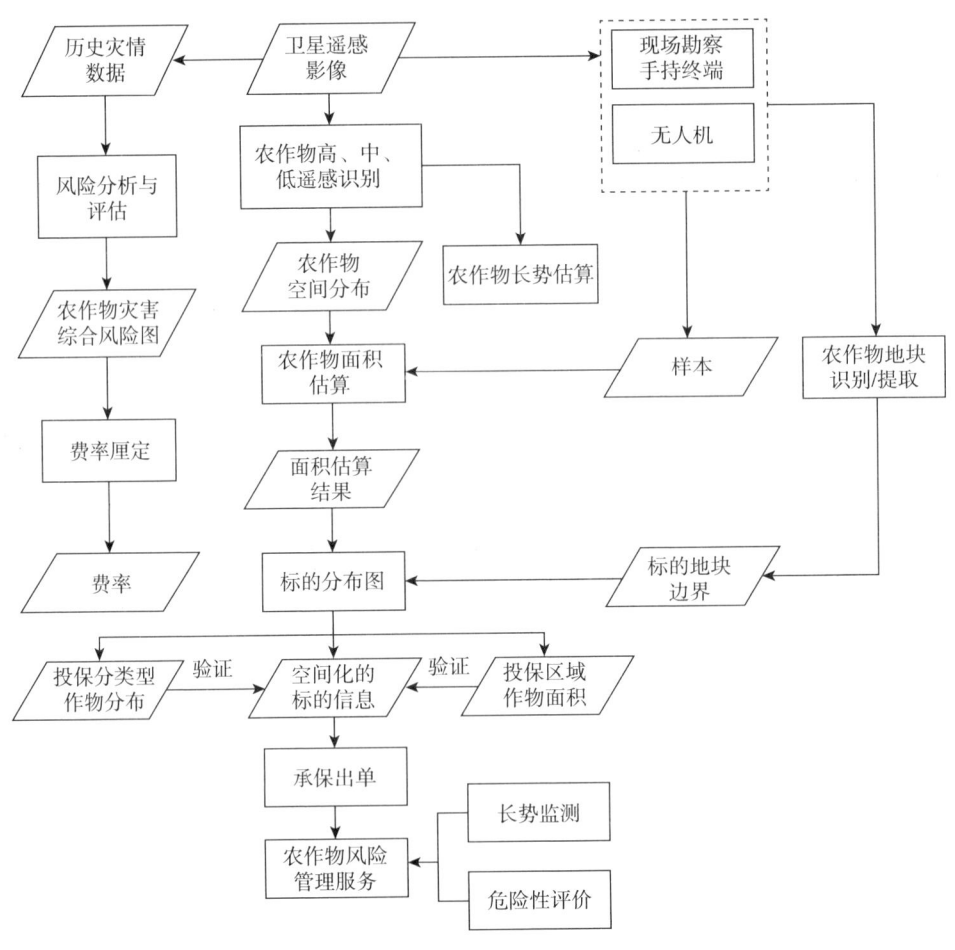

图5-1 "按图承保"技术流程

"按图理赔"为农业保险业务实现科学理赔提供依据。我国区域差异性较大，地域气候特征明显。随着自然环境的不断变化，农作物遭受着来自气象、生物以及环境等自然灾害，其类型繁多，涉及面较广。通过"卫星遥感影像+无人机遥感影像+实地勘察"三者结合的模式，对灾区自然灾害前后影像进行一系列处理和对比，最终得出农作物受损范围和受损等级。在此基础上，保险公司根据保险合同中费率厘定进行合理赔偿。通过该理赔程序，可以最大限度地规避理赔道德风险，及时赔偿自然灾害所带给农户的经济损失。

保险公司、政府以及相关部门应倡导建立健全农业保险基础数据库平台。

新型农业保险模式在农业保险理赔程序结束后,收集该区域乃至全国各地农业资源图像,以数字化的形式记录农业保险标的空间分布特征和历年来土地利用、土壤湿度等动态变化,深入研究探讨灾情评定模型,进而得到可降低农业保险经营风险的各区域保险风险评估体系,并对各种自然灾害从宏观和微观上进行全面分析统计,将统计结果储存归档,记录在农业保险基础数据库平台上,为以后应对此类灾害提供理论与数据支持。

5.3.2.2 "按图理赔"的原理及工作流程

"理赔"是保险标的发生保险事故并使被保险人财产受到损失、人身生命受到损害以及保单约定的其他保险事故出险而需要给付保险金时,保险公司根据合同规定,履行赔偿或给付责任的行为。"理赔"是直接体现保险职能和履行保险责任的工作,即保险人在保险标的发生风险事故后,对被保险人提出的索赔请求进行处理的行为。在保险经营中,保险理赔是保险补偿职能的具体体现。

"按图理赔"是利用遥感影像和历史灾情数据进行灾后灾情总体快速评估,并确定受灾区域的灾情等级;随后根据灾情总体快速评估结果,将卫星遥感影像、无人机遥感影像和实地调研三者相结合进行详细勘察,并生产出快速理赔专题产品;最终以报告的形式综合评定灾区损失,使"按图理赔"快而准,为保险公司与政府以及当地相关部门协同进行灾区救助提供科学依据。其技术流程如图 5-2 所示。

理赔时,首先利用遥感影像以及灾区灾情先验知识,对灾情进行总体上的快速评定,并确定灾情的等级;其次再快速评定总体灾情状况,结合遥感手段以及地面勘察进行详查;最后得到精确的灾情等级、灾情范围和灾情数量等数据,为"按图理赔"提供理论依据。

5.3.3 遥感技术对农业保险意义重大

5.3.3.1 降低成本,提高理赔效率

承保阶段利用遥感技术手段对保险标的进行面积和"四至"的测量,并标注属性及空间信息,形成了较为客观的理赔依据,后期作为农业保险定损的依据,降低了人力物力以及其他附加费用的投入,最终降低了承保阶段的成本。

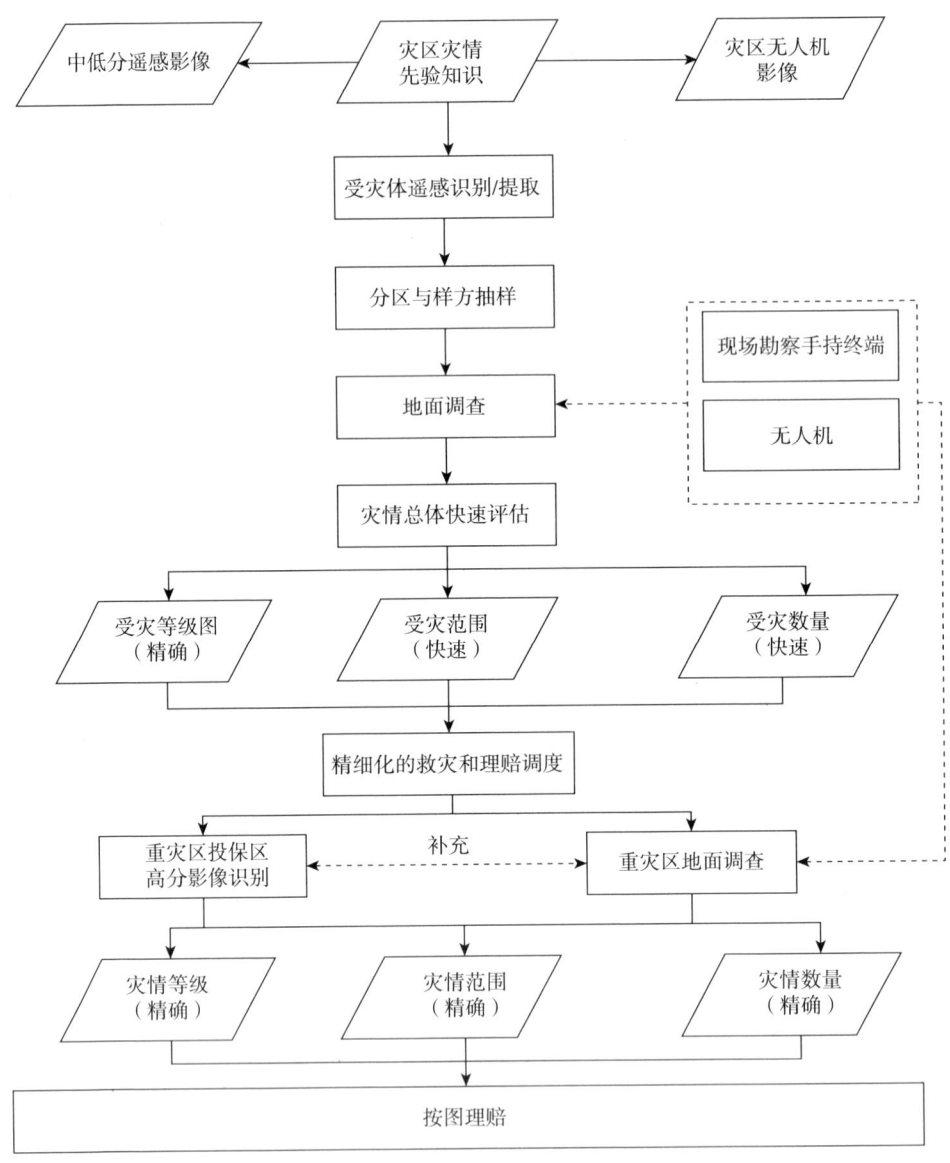

图 5-2 "按图理赔"技术流程

理赔阶段利用无人机航拍设备对受灾区域进行勘察,获取受灾区域影像数据,利用相关数据处理软件进行数据处理,计算出受灾区域面积以及损失程度,结合承保阶段所定的保险费率以及赔偿条款进行高效率合法赔付。传统理赔手段则是保险公司在灾后抽调大量人力物力对灾区进行查勘,查勘时间较长、人员专业水平不均衡、灾害定损人为因素较多等原因造成定损不够客观，真实性偏差较大。而无人机航拍定损技术在处理数据以及定损方面效率较高，是传统方法的几倍甚至几十倍，定损的准确性得以确保且更加客观。

5.3.3.2 分散风险，提高风险控制能力

农业保险是降低自然灾害风险损失、保障农业生产、稳定农户收入的重要手段之一。健全的农业风险管理体系需具备完善的风险识别、风险监控体系以及风险处理应急备案。具备以上条件才能有效地防范农业风险，将风险降到最低，建立"监督—评估—管理"风险体系。有效的风险控制必须得到空间信息、大数据分析系统等综合科学技术的支持，通过分析农业历史数据，建立风险识别体系以及数据管理平台，使风险管理数据化、信息化、科学化，精准解决农业保险出现的各类问题。数据管理平台需要大量数据的支撑，该平台应向群众公开，受全民监督，可接收来自各个领域的数据，丰富该平台的数据库，促进农业风险数据不断的发展进步，并进行周期性管理。

5.3.3.3 提高农民保险意识

农业保险较其他保险种类而言，针对性较强，所服务的客户对象较特殊。农业保险普遍面对的客户为农民，我国农民的文化水平不高，对保险的认识不够，导致农业保险购买后出现失效现象，灾后赔损得不到保障。应简化农业保险条例，简化购买和理赔的程序，使农民能看懂、能理解。只有得到农民群众的普遍认可，才能提高农民群众的参保积极性。

5.3.3.4 提高道德风险管控能力，规避信息严重不对称现象

利用遥感技术手段以及无人机航拍技术，使保险标的管理信息化，为风险评估提供了科学依据，为费率厘定提供了数据支持。从宏观角度出发，新型农业保险经营模式从灾情总体上进行评估定损，通过数据处理分析，使保险标的空间分布、属性特征以及损失程度数据化，从而解决了信息不对称而造成的骗保等道德风险管控的相关问题。

5.3.3.5 为政府及农户提供降低灾害风险建议

面对当今农业保险事业的新局势，农业保险不应局限于灾后赔付工作，而应着眼于灾前防御工作，建立防灾防损体制，形成"防灾—减灾—赔灾—快速恢复生产"的一整套新模式。

基于遥感技术手段和无人机航拍技术进行灾后定损评估，根据灾情受损严

重程度，可分为严重、中等、轻度级别，并合理高效分配人力物力资源，先后派送到受损地区进行实地勘察定损，目的较明确、安排较合理。及时准确地向政府和农户进行灾情汇报，具有较强的说服力，灾前有利于保险公司、政府以及农户三方提前制定防灾防损的措施，灾后有利于三方共同实施高效的灾后恢复工作，使损失降到最低，使农户得到最大的经济补偿。避免因沟通不到位，致使灾情被夸大或缩小，造成三方所掌握的灾情信息不统一。新型农业保险经营模式可将其"支农惠农"的社会管理职能发挥充分，在一定程度上提升农业保险的风险管理水平。

5.3.4 典型案例

5.3.4.1 内蒙古巴彦淖尔暴雨洪涝灾害遥感调查

2012 年 6 月 25 日至 28 日，内蒙古巴彦淖尔市发生有气象记录以来最严重的一次暴雨洪涝灾害，小麦、玉米、葵花等农作物受淹、倒伏严重。中国人保财险利用卫星遥感、无人机遥感和地面调查相结合的"天空地"一体化的方式评估，得到了灾区农作物受损程度、面积和空间分布的可靠数据，为查勘调度及最终理赔提供了数据支撑。

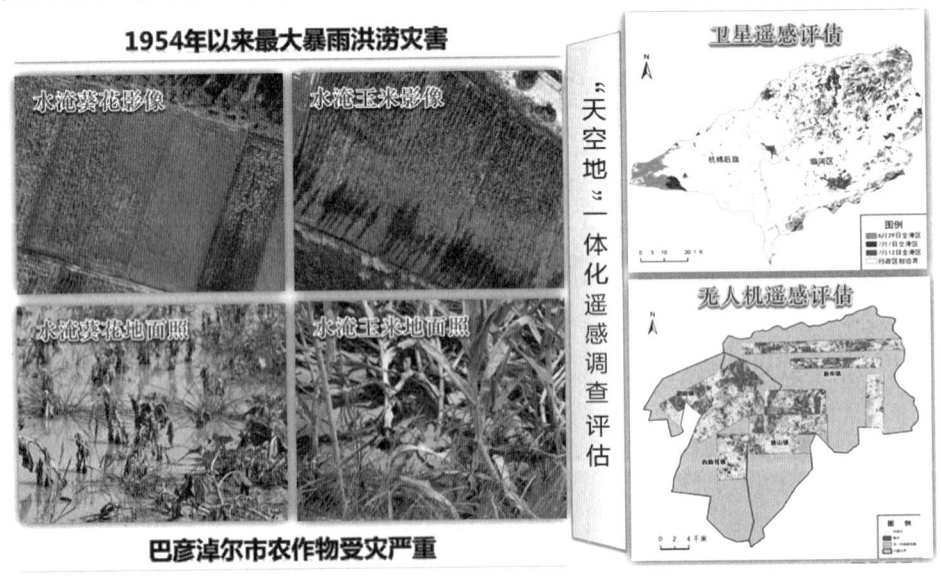

图 5-3 巴彦淖尔暴雨洪涝灾害"天空地"一体化遥感调查评估

此次暴雨洪涝灾害超过 50 年一遇，当地原以为是灭顶之灾，但是通过"天空地"一体化遥感调查评估，让当地政府和农户认识到灾情并非想象得那么严重，有助于当地社会稳定和落实后续的农户救助工作。通过利用卫星遥感影像，分析评估了总体灾情并确定了重点调查区，将调查工作量从 64000km² 缩减到 1339km²，大大节省了查勘时间，获取了全面准确的灾害损失信息，有利于迅速落实理赔工作，减少恐慌，促进灾区快速恢复生活和生产。

5.3.4.2　大兴安岭森林火灾遥感调查

2014 年 4 月 30 日，受俄罗斯森林火灾蔓延影响，大兴安岭北部原始林区乌玛林业局伊木河林场发生森林火灾，造成大面积森林被烧毁。

由于地处中俄两国边境的原始森林，且火灾面积较大，人员难以进入查勘。为及时掌握森林受损情况，中国人保财险对森林火灾开展了遥感查勘工作。通过查询原始遥感影像，确定准确的受灾区域。根据过火区域位置，获取了 4 月 19 日的火灾前高分一号数据和 5 月 19 日资源三号两期影像。通过提取火灾影响范围内灾前、灾后的林地分布，进而得到森林火灾过火面积，解决了原始森林面积大、人员难以进入查勘的问题，为快速准确理赔提供了数据支撑。

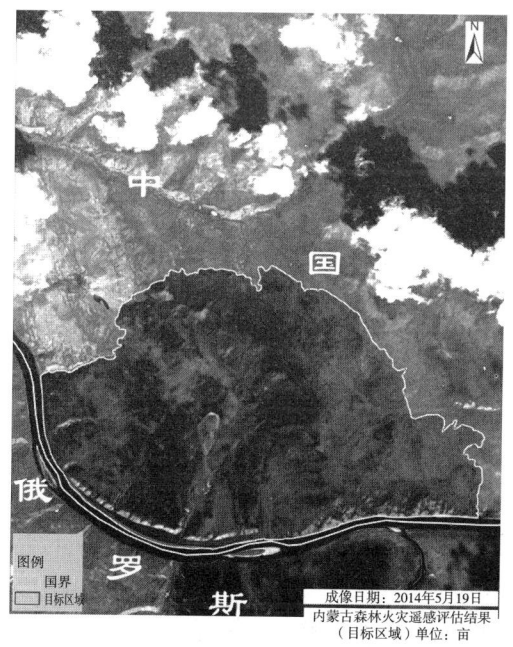

图 5-4　大兴安岭森林火灾受灾影像及过火区域

5.3.4.3 2020年汛期应对

2020年5至6月，广东"龙舟水"持续时间长、强度大，公司承保的水稻、玉米等报损面积77万亩，受灾农户9.3万户。基于前期建立的覆盖广东2.5万个行政村、15万平方千米的农业农村大数据，中国人保财险灾后第一时间启动理赔工作，农作物查勘定损超41万亩，年内2291件赔案全部完成，累计赔付9.3万户，赔款超1亿元，极大地支持了灾后农业复产工作。

应对罕见的"海神""美莎克"双台风侵袭，人保财险黑龙江分公司投入无人机40余架次，应用卫星和无人机累计查勘超1千万亩农田，从出险到完成赔付，用时最短的仅30天，受到了省政府的赞扬。

5.4 遥感技术在其他保险领域的应用

5.4.1 地震灾害遥感调查应用

地震等重大灾害突发性强、破坏性大、社会影响深远、次生灾害严重、会产生一系列的连锁反应，对公众的生命财产和心理影响都比较大。灾后快速、全面地获取灾情信息，对于及时开展救助和经济补偿、降低灾害损失具有重要的意义。

大灾过后，房屋倒塌，道路中断，次生灾害频发，单纯依靠人力很难进入现场掌握整体灾情和即时灾情，从而难以制定有针对性的救灾对策，不利于争取救灾的黄金时间以减少人员伤亡。而遥感技术具有的获取信息快、信息量大、手段多、更新周期短等特点，以及多方位和全天候的动态监测等优势，为快速完成地震灾害调查与损失评估提供了一种高效准确的技术手段。尤其是随着高分辨率遥感卫星和航空遥感技术的发展，使遥感技术快速获取灾情信息的能力得到实质性提高。特别是无人机遥感以其灵活、高效、高精度的特点，在特殊环境和恶劣天气条件下有得天独厚的优势，能快速获取地面受灾资料。有助于政府部门针对灾情分布，科学高效地调配救助力量，及时对生命进行救援，对财产进行赔偿，使灾民身体上恢复健康，经济上得到补偿，心理上得到安慰。

5.4.1.1 四川雅安地震遥感调查

2013年4月20日8时2分，四川省雅安市芦山县发生里氏7.0级地震。

作为国有大型企业和国家综合防灾减灾体系的重要组成部分,中国人保财险第一时间启动重大突发事件应急预案,全面支援国家抗震救灾工作,并及时调动投入了"中国人保号"无人机,以保证及时全面地掌握受灾信息,为政府部门的救灾决策和公司的理赔服务提供技术支撑。

一是快速评估和掌握灾情,为国家及时准确地制定救灾救助决策提供支撑。本次地震灾害,中国人保财险通过无人机航拍,及时获取了重灾区的道路塌方分布、倒塌损毁的房屋分布和灾民转移安置情况等灾情信息,特别是人力难以到达区域的灾情信息,并共享给国家减灾委办公室等部门,为政府相关部门及时打通救援路线、准确制定救灾决策提供了支持。

二是提升理赔效率和准确率,支持灾后恢复重建,促进灾区社会稳定。通过对航拍影像进行快速判读,针对灾情分布,科学高效地调配查勘力量,大大提升了理赔效率和准确率,使灾民能够得到及时足额的赔付,以尽快恢复生产和生活,防止恐慌,保障灾区社会稳定。这是中国保险业第一次将无人机遥感技术应用于地震灾害理赔工作,中国人保也是本次地震保险业唯一一家利用无人机遥感技术进行理赔的保险公司。

图 5-5 四川雅安地震无人机遥感查勘

5.4.1.2 四川九寨沟地震遥感查勘

2017年8月8日21时19分,四川省阿坝州九寨沟县发生里氏7.0级地震。获悉地震灾情后,中国人保财险迅速成立地震灾害评估小组,第一时间查询地震最新报道和灾情信息。同时，中国人保财险还积极与国家减灾中心、中科院遥感所、中国地震局、中国资源卫星中心以及相关数据、资源企业联系，获取最新灾情数据资源。遥感影像主要包括灾前灾后地震区域的法国SPOT-6、美国LANDSAT-8、国产高分一号、高分二号等可见光卫星影像、COSMO-SkyMed等雷达影像、重灾区域（Ⅷ度烈度区）的0.05米无人机倾斜摄影影像（3D）以及0.2米无人机遥感正射影像。通过综合共享成果，并应用国家发改委卫星及应用产业化项目成果与遥感评估新技术进行自主分析，中国保险业首次将3D遥感影像用于保险损失评估，克服传统正射影像难以精确评估房屋侧面损失的缺点，为灾后理赔提供支持。以下为不同视角下的漳扎镇农房受损3D遥感影像。

图5-6　不同视角下的漳扎镇农房受损3D遥感影像

（上图、下图为相同区域的不同视角效果）

5.4.2 爆炸事故遥感调研应用

对于突发性的大面积爆炸灾害事故，由于灾后现场情况复杂，贸然进入现场可能造成人员伤亡。使用遥感技术能够在保证人员安全的情况下，快速掌握现场人员伤亡和事故损失情况，为抢险救灾工作提供有力支撑。

2015 年 8 月 12 日，天津滨海新区塘沽开发区的天津东疆保税港区瑞海国际物流有限公司所属危险品仓库发生爆炸，造成了巨大的人员伤亡和财产损失。由于现场难以进入，中国人保财险迅速启动了"天空地"一体化的遥感调查模式，利用卫星遥感、无人机遥感和地面调查相结合的方式开展灾后查勘工作，及时全面地掌握灾害损失情况，快速开展理赔工作，为受灾人员和相关单位提供经济补偿，支持灾后生活和生产的快速恢复。

爆炸发生后，中国人保财险迅速获取了爆炸区域灾前灾后的多时相、多分辨率的卫星遥感影像，包括高分二号、资源三号、SPOT 等高分辨率卫星影像，并基于保险遥感支撑平台自动检测了灾前灾后影像变化。从时间上重现爆炸事故发生和变化过程，从空间上确定中国人保财险承保的车辆等标的总体受损和分布情况。为准确确定标的损失程度，在获得允许进入后，第一时间进行了航拍，获取 0.08 米分辨率的高精度影像，并利用高性能移动工作站，在现场对图像进行自动拼接和校正，进而识别了承保车辆等标的的受损程度和数量，为快速理赔提供了数据支撑，更好地支持灾后的恢复重建工作。

图 5-7 天津港 "8·12" 爆炸事故灾前灾后影像

5.4.3 环境污染事件遥感调研应用

随着社会经济的发展,环境污染和环境责任问题也日渐突出。2016 年 8 月 31 日,中国人民银行、财政部、国家发展和改革委员会、环境保护部、银监会、证监会、保监会七部门联合印发的《关于构建绿色金融体系的指导意见》明确提出,要发展绿色保险,具体包括建立环境污染强制责任保险制度,鼓励和支持保险机构创新绿色保险产品和服务、参与环境风险治理体系建设,等等。

环境污染问题往往分布在较大区域,且污染区域环境恶劣,例如原油和高危化学物品泄漏等,人力进行调查比较困难、危险性高,而遥感技术的应用则为这一问题提供了解决途径。

例如,某纯碱厂废液库发生溃坝,废液大量泄漏,对周边企业生产及居民生活造成严重影响。考虑到受灾面积较大且短时间内人员无法进入,人保财险利用自有无人机对受灾区域进行了航拍,获取了受影响的企业及居民影像,根据保险条款迅速界定了 1km 责任范围内的企业居民情况,为快速理赔提供了数据支持。

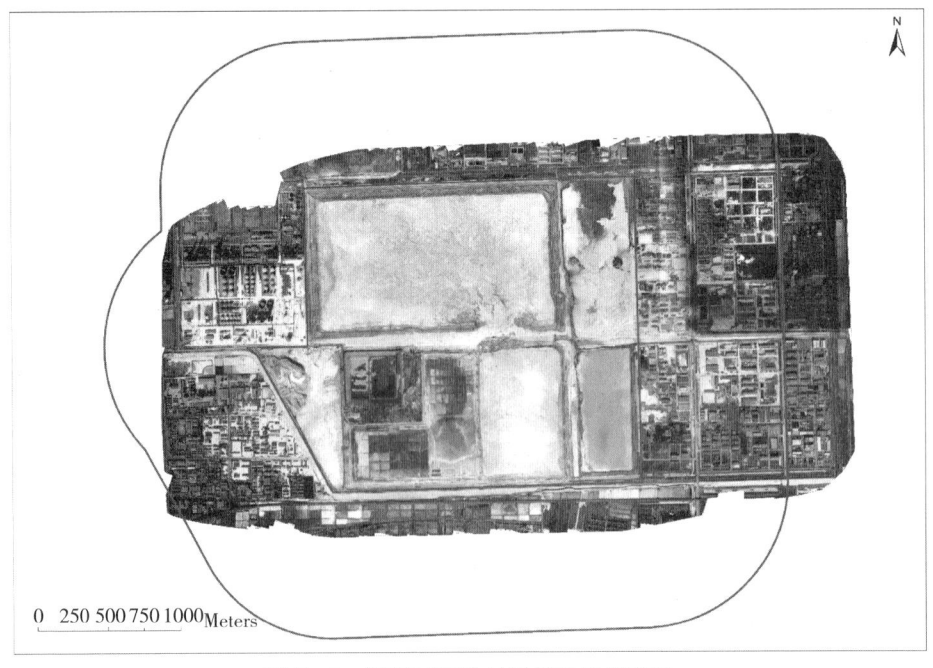

图 5-8 溃坝碱厂航拍影像及责任范围

6 InSAR 技术在风险减量管理的应用与保险实践

InSAR 技术作为一项新兴测量技术，由于其鲜明的特色，近年来已得到国内外学者的广泛关注和研究。下文"InSAR 技术简介""InSAR 技术应用原理"和"InSAR 技术在建筑领域的应用"三部分内容，来自相关学术论文及网络科普知识，知识产权归相关作者所有。此处引用，仅供读者对该项技术原理作参考，如需详细了解，请进一步检索相关文献。

6.1 InSAR 技术简介

InSAR 技术（合成孔径雷达干涉测量技术）是基于雷达遥感的新型空间对地观测技术，通过长时间序列影像 PS 的计算，可以监测地表形变精度达到毫米级，同时具有全天候、全天时、全球获取数据的特点。

InSAR 技术可以高精度地监测大面积微小地面形变，实现对地表形变毫米级的几何测量。与传统的 GPS、水准测量这些基于离散点的形变监测技术相比，雷达差分干涉测量有其自身探测形变的特点和长处，主要表现在以下几个方面。

（1）监测精度高

雷达图像分辨率可达毫米级，因此，InSAR 技术可监测到毫米级的地表形变。

（2）监测范围广

目前获取数据的雷达主要以卫星或飞机作为搭载平台，它的特点是飞得高、视域广、监测范围大，一次就可监测地表上百、上千平方千米的范围，能够对城市区域实现全覆盖监测。

（3）监测连续性

雷达按一定的时间间隔对地面同一目标进行周期或非周期的长期观测，数据更新快，数据量丰富，可监测地面目标在时间序列上的连续形变过程。

（4）全天时全天候，受天气影响小

雷达发射微波信号，使用探测波段较长，在夜晚、大雾、云和雨等条件下也能对目标进行形变监测，受天气影响较小，可全天时、全天候获取数据，具备长时间连续工作的能力。但是，在极恶劣天气条件下，相位信息受噪声影响较大，形变测量精度可能会降低。

（5）监测实施方便容易

传统航测监测方法需要布设水准点，而雷达形变监测不受这些条件的限制，一般只需卫星获取地表影像就可以，给形变监测带来很大的便利。

（6）成本相对低

InSAR技术不需要观测网的布设和维护费用，数据的成本相对不高，尤其对于大面积、时间长的形变监测服务好，而成本相对较低。

地表形变具有分布散、范围广、形变小、周期长等特点。针对这种灾害的监测，需要既能满足实现大范围区域监测的基本要求，又要具有足够的精度和快捷的周期来准确及时地发现可能出现灾害的重点区域。地理信息技术中用于对地观测的合成孔径干涉雷达卫星技术（InSAR）则可充分满足上述需求。InSAR还能对地面同一区域进行持续重复观测，形成干涉测量能力，可以测量得到地面固定目标每年度毫米级别的沉降数据，通过分析所积累的大量历史数据，可以得出地表出现的细微形变等，用于发现地面沉降灾害征兆，并对灾害进行预警预报。另外，由于InSAR技术的数据源为雷达卫星遥感影像，因此该技术具有相当可观的测量范围，并且由于雷达卫星平台的不断发展，拍摄能力越来越强。

综上所述，InSAR技术在测量频率、测量尺度与测量精度上都能较好地满足监测区域地表形变监测的各项要求。

6.2 InSAR技术应用原理

6.2.1 InSAR技术的理论原理

对于探测形变的差分干涉测量而言，进行干涉的两幅影像一般具有较长的时间间隔，通常地物的散射特性和大气条件在这期间会发生较大变化，在干涉相位中就会存在严重的失相关噪声和大气延迟影响，造成干涉失败，使得常规差分干涉方法不能获取地表形变量。但是，一些地面硬目标，如房屋、桥梁、裸露的岩石及人工安置的角反射器等，它们的散射特性一般较稳定，并且对雷达波的反射较强，它们的雷达回波就具有较高的信噪比，在很长一段时间内仍然保持较好的相干性。因此，可找出研究区域内散射特性较稳定、对雷达波反射较强的地面硬目标，通过对它们的一系列观测值（干涉相位）进行时间序列分析，可有效提取这些目标的形变量，进一步可研究区域上的地表形变场。

6.2.2 卫星遥感数据处理

6.2.2.1 光学影像处理流程

（1）正射纠正

以提供的控制点成果或二次调查底图成果和 DEM 数据为纠正控制资料，参考精度符合要求的地形图或土地利用图，对抚河流域卫星影像全色数据进行正射纠正。纠正模型采用物理模型或有理函数模型（RPC）。

若工作区涉及连片多景同源影像时可进行整体纠正，以工作区为纠正单元，利用具有区域网纠正功能的遥感影像处理软件进行区域网平差，即根据影像分布情况建立一个区域网文件，快速生成无缝正射镶嵌精确的正射影像。

对于正射后的全色数据，应提前进行景与景间的接边精度检查，避免在影像融合、调色后才检查出接边超限的问题，造成数据返工，影响工作进度。

（2）影像配准

影像配准是影像融合的前提和基础，配准的精度直接影响最终 DOM 制作的质量，主要要求及方法如下：

按规范要求，平地、丘陵地，山地、高山地配准控制点残差限差不超过规定。

影像的重采样间隔为原始影像的像元大小，重采样方法采用双线性内插或三次卷积内插法，配准后的影像保留原始影像的波段数目及顺序。

以正射纠正后全色影像为基础，对多光谱影像进行配准，影像配准以景为基本单元，每景控制点要均匀分布，控制全景影像。

对配准后的结果进行检查，可任意选择全色与多光谱数据的同名点，进行精度评价；也可采用快速影像融合方法，检查融合后的影像是否存在明显地物错位、重影、模糊和光谱明显变异现象。

（3）影像融合

通过影像融合将不同时相、不同传感器系统和不同分辨率的影像进行复合变换，生成新的影像的方法。包括：融合前处理，融合算法的选取、实现，融合后影像处理和结果检查。

融合前处理指对纠正、配准后满足精度要求的全色与多光谱数据，进行预处理。一方面，提高全色数据的亮度，增强局部反差突出纹理细节，尽可能降低噪声；另一方面，对多光谱数据进行色彩增强，拉大不同地类之间的色彩反差，突出其多光谱彩色信息。

通常采用的融合方法有 IHS 变换、主成分变换、加权乘积、比值变换、小波变换、高通滤波、Brovey 等多种方法。根据影像波段的光谱范围、地物和地形特征等要素，选择能清晰表现土地利用类型特征和边界，色彩接近自然的融合算法进行影像融合。融合影像应无重影、模糊等现象。

融合后影像处理和结果检查是保证成果质量的重要技术环节，融合后影像通常亮度偏低、灰阶分布动态范围小，色彩不够丰富。需要采用线性或非线性拉伸、亮度对比度、色彩平衡、色度、饱和度和明度调整等方法进行色调调整。处理后的影像要达到灰阶分布具有较大动态范围，纹理清晰、色调均匀、反差适中，色彩接近自然真彩色。

（4）影像镶嵌

影像镶嵌前，需要通过匀光、匀色等处理，对作业区内的影像整体的色调调整。

采用"计算机自动选取为主、人工选取为辅，计算机自动选取与人工选取相结合"的方式，选择合适镶嵌线。镶嵌线选取线状地物或地块边界等明显分界线，尽可能地消除了镶嵌图像中的拼缝，不同时相影像镶嵌时保证了同一地块内纹理、色彩自然过渡，有利于判读。影像镶嵌处无裂缝、错位、模糊、扭曲和明显重影现象。

通过镶嵌线对融合后的 DOM 影像进行镶嵌处理，并对镶嵌后影像进行检查。镶嵌时应对多景影像数据的重叠带进行严格配准，镶嵌误差不低于配准误差。镶嵌影像应保证色调均匀、反差适中，镶嵌区应保证有 10~15 个像素的重叠带。

(5) 影像分幅

镶嵌结果检查合格后,按照相关要求裁切成图。

①按照项目要求分幅,分幅内图廓外接矩形外扩1cm范围裁切标准分幅影像,图幅内缺少影像数据区域以白色填充。

②同一图幅包含不同分辨率影像时,应采用最高分辨率进行镶嵌。

6.2.2.2 雷达影像 PS – InSAR 处理流程

(1) 主影像选择

PS – InSAR 方法宜选择单一主影像。SAR 主影像的选择和像对组合工作步骤如下:

①计算所有影像像对间的时间和空间基线,生成时间和空间基线分布图。

②选择时间和空间基线居中的一景作为主影像。

(2) SAR 图像配准

由于不同 SAR 图像之间存在空间基线,其所对应的卫星位置存在差异,导致同一目标点在不同 SAR 图像内的位置不同,这种偏差可能达到数百个像素点的程度。而 InSAR 形变测量技术的输入,是同一目标点在不同 SAR 图像之间的相位数据。因此,在数据处理的最初阶段,需要对输入的 N 幅 SAR 图像进行配准处理。

在配准的过程中,选择 N 幅 SAR 图像中的一幅 SAR 图像为基准图像,将其他 N-1 幅 SAR 图像都配准到基准 SAR 图像的网格内。基准图像的选择需要综合考虑空间基线和时间基线两个指标,最佳的基准图像是到其他 SAR 图像空间基线和时间基线的加权平均值最小的那幅 SAR 图像。

考虑到目标点的偏移量可能较大,为了提高运算效率,在处理过程中采用三级配准的方法。

①基于卫星轨道数据的配准。

②基于像素级的配准。

③基于亚像素级的配准。

经过三级配准处理,SAR 图像的配准精度可达 0.1 个像素级,完全能够达到高精度形变反演的需求。

(3) DEM 与主影像配准和裁剪

将 DEM 数据采样成与主影像一致的分辨率,与选好的主影像进行配准,并将 DEM 范围裁剪成与主影像范围一致，生成影像坐标系下的 DEM 数据。

（4）干涉图生成

对已配准主辅影像进行前置滤波，并计算生成干涉图。

（5）差分干涉计算

①平地与地形相位去除。依据空间基线参数和地球椭球体参数，计算平地相位；利用配准后 DEM，计算地形相位。从干涉相位中去除平地和地形相位，生成差分干涉相位，逐像元计算生成差分干涉图。

②差分干涉图滤波。宜选用自适应滤波方法，对干涉图差分相位滤波，得到相位缠绕的差分干涉图。

③相干系数计算。依据相干系数计算公式，对经过滤波的主辅影像差分干涉相位像元，选择窗体大小，逐像元计算相干系数，生成相干图。

④空间基线改进。目视检查每景差分干涉图，若含有残余干涉条纹超过半个波长，计算空间基线残余相位，并去除。

（6）参考 PS 点（PSC）选择和提取 PSC 处的干涉相位

PSC 的选择主要包含两类方法：①基于幅度统计特性的选择方法；②基于相关系数的选择方法。一般而言，基于幅度统计特性的选择方法应用最为广泛。

（7）三维空时相位解缠

在 PS – InSAR 的处理过程中，需要对空时三维进行相位解缠，在空间二维的图像域，先根据 PSC 的位置建立 Delaunay 三角网格，然后再利用 MCF 算法获取空间二维的解缠结果。在时间一维域，由于在干涉图生成的过程中在时间维建立了网格（"闭环"），也可以利用 MCF 算法实现相位解缠。

（8）估计并补偿大气和轨道误差相位

相位数据解缠后，就能对大气相位和轨道误差相位进行估计和补偿。一般而言，大气相位和轨道误差相位是随空间缓变的，轨道误差相位和大气相位估计的问题可以转化为三个待估参数的估计问题。根据参数估计理论，可以使用最小二乘方法，估计出轨道误差相位和大气相位，并最终将其补偿。

（9）PS 点重新识别及形变速率反演和高程误差估计

大气和轨道误差相位补偿后，就能对 SAR 图像的每个像素点进行逐点分析，确认其是否为 PS 点，并估计其形变量和高程误差。

(10) 形变量计算

①视线向形变量计算

依据雷达波长等参数,将模型估计结果换算为 LOS 形变量。

②视线向形变量垂直向转换

依据雷达入射角,将 LOS 形变量转换为垂直向形变量。

(11) 地理编码

地理编码的方法可利用 DEM 产品进行地理编码。具体步骤如下:

①利用 DEM 坐标系到 SAR 影像坐标系的转换查找表,完成地表沉降监测成果由 SAR 影像坐标系到大地坐标系的反变换,即对监测成果形变量进行地理编码。

②集合所有地理编码后的点目标,将形变量的时间单位换算成年,生成年平均沉降速率,逐像元计算生成地表沉降速率图。

(12) 地面沉降速率基准修正

地理编码后点目标的地面沉降速率可以利用已有的水准等高精度控制点数据(同期观测的沉降量)修正基准,具体步骤为:

①以同步水准测量结果作为基准参考,在临近点上计算点目标沉降量与水准沉降量之间差值的平均值,即与地面实际沉降量之间存在的整体偏差值。

②将上一步得到的整体偏差值加入每个点目标的沉降值,修正因参考点不统一产生的 InSAR 结果沉降量的整体偏差,完成基准修正。

6.2.2.3 精度评估

(1) 评估内容

评价 InSAR 地面沉降测量成果精度的方法可采用最邻近法、空间插值法等,评价的主要参数有样本数目、误差平均值和中误差。

(2) 评估方法

①在相干目标稀少的地区,宜通过空间插值相干目标点拟合成面,提取水准点位置对应的相干目标拟合面的位置,分别提取水准和相干目标的沉降值,组成一组精度验证数据,收集齐工作区所有验证数据组后,进行精度验证。

②空间插值方法宜采用克里金插值法。

③在相干目标密集的地区,宜采用最邻近点法搜索水准点数据附近最邻近相干目标点,组成验证数据组,进行精度验证和相关性分析。其搜索应在 5 个

像元以内。

④评估成果精度应利用中误差和平均误差作为主要参数，样本数目作为必要的评估参数。

6.2.3 卫星资源简介

6.2.3.1 COSMO-SkyMed 卫星系统

COSMO-SkyMed 系统是一个由意大利航天局和意大利国防部共同研发的4颗雷达卫星组成的星座，目前4颗卫星全部在轨运行。

COSMO-SkyMed 系统的每颗卫星配备一个多模式高分辨率合成孔径雷达（SAR），该雷达工作于 X 波段(3.1cm)，并且配备灵活创新的数据获取和传输设备。COSMO-SkyMed 系统为对地观测市场提供了具有全球覆盖能力，适应各种气候的日夜获取能力，高分辨率、高精度、高干涉/极化测量能力的高效便利的产品服务。

COSMO-SkyMed 系统具有很好的连续性，在 COSMO-SkyMed 一代星座之后，还将发射 COSMO-SkyMed 二代卫星星座，以后还计划发射 L 波段卫星，既保证了数据服务的延续性，又扩大了数据的应用范围。

在每 16 天的轨道周期中，能够以相同的轨道方向，相同的视向，相同的入射角，4 次重复获取干涉数据，具有很强的干涉测量能力。

（1）COSMO-SkyMed 卫星特点

①高空间分辨率。COSMO-SkyMed 雷达卫星工作于 X 波段，信号带宽最高可达到 400 兆赫，在空间分辨率方面较早年的雷达卫星系统有较大的提升。在聚束模式下可采集分辨率高达 1m，10km 幅宽的影像；在条带模式下可获得 40km 幅宽，分辨率为 3m 的影像，为大比例尺的雷达制图提供了条件。

②高重访周期。COSMO-SkyMed 星座共有 4 颗卫星，每颗卫星都具有左右两侧大角度侧视观测能力和雷达天线快速摆动能力，重访周期远优于其他 SAR 卫星系统。在 InSAR 模式下，平均重访频率最高能达到 4 天/次。

③快速大面积数据采集、灵活的观测模式。COSMO-SkyMed 的大面积获取能力是同等类型卫星无法比拟的。首先它由四颗雷达卫星组成的星座。其次，COSMO-SkyMed 雷达卫星能够实行左右侧视，可以提高一倍拍摄效率；在条带模式下，单次成像长度最长可以达到 2000km，这对大面积采集数据尤

6 InSAR 技术在风险减量管理的应用与保险实践

为重要。曾在地震后重建过程中拍摄了重灾区 25 万平方千米的雷达数据，用于次生灾害调查，只用了 12 天时间覆盖了整个重灾区，覆盖率高达 98%。

④快速反应能力。由于 COSMO-SkyMed 是军民两用卫星，在设计时考虑了对突发事件的响应，因此具有快速响应能力。在非常紧急的情况下，可以对卫星观测进行加急编程，缩短数据获取时间，对地震、溢油、洪水等重大灾害的快速监测提供数据。

⑤历史数据积累量大。自 2011 年以来，COSMO-SkyMed 平均每个月观测至少一次。自 2011 年开始进行全国 InSAR 数据战略获取，具备覆盖全国 400 多个主要城市的长时间序列的数据。

（2）COSMO-SkyMed 卫星产品

每颗 COSMO-SkyMed 卫星所荷载的传感器可以在三种波束模式下工作，提供 5 种分辨率的产品：

①聚束模式（SPOTLIGHT），包含模式 1 和模式 2，其中模式 1 只限于军用。SPOTLIGHT-2 的分辨率高达 1m，幅宽 $10 \times 10 km^2$。

②条带模式（STRIPMAP），包含 Himage 和 PingPong 两种成像模式，分辨率分别为 3m 和 15m，幅宽分别为 $40 \times 40 km^2$ 和 $30 \times 30 km^2$。

③扫描模式（SCANSAR），包含 WideRegion 和 HugeRegion 两种成像模式，分辨率分别为 30m 和 100m，幅宽分别为 $100 \times 100 km^2$ 和 $200 \times 200 km^2$。

COSMO-SkyMed 提供的一般产品有 4 种级别：

①Level 1A 产品

Level 1A 产品，SCS（又称单视复斜距 SLC），由经过内部辐射定标的 SAR 聚焦数据组成，采用零多普勒斜距向几何投影，为相关的辅助数据保留了自然的几何空间。包含了强度信息和相位信息，一般用于生成 DEM 或做干涉测量。

②Level 1B 产品

Level 1B 产品，DMG（又称地距多视影像），由经过内部辐射定标、去散斑噪声、幅度探测的 SAR 聚焦数据组成，采用地距向/方位向投影，并定义到相关椭球体或 DEM 上，利用辅助数据重采样到规则的地面间距。

③Level 1C 产品

Level 1C 类型产品，GEC（又称地理编码椭球体纠正产品），由输入数据定义到一个相应的从预先设定系列中选取的椭球体上，并采用从预先设定的某一地图相关系统获取的规则栅格。

④Level 1D 产品

Level 1D 类别产品，GTC（又称为地理编码地形纠正产品），由输入数据定义，到相应的高程表面，采用从预先设定的某一地图系统中获取的规则栅格。

6.2.3.2　ALOS-2 卫星系统

ALOS-2 是唯一一个利用 L 波段频率的高分辨率机载合成孔径雷达，它能很好地用于监测地壳运动和地球环境，能够不受气候条件和时间的影响获得观测数据。1~3 米的高分辨率，在地球观测卫星上的 L 波段合成孔径雷达领域中位居世界第一。利用如此高的分辨率，ALOS-2 卫星能够达到把握灾害状况、农林渔业、海洋观测、资源勘探等多个目的。ALOS-2 卫星特点包括以下几个方面。

（1）可以拍摄地球上大范围的地区

PALSAR-2 的天线面位于卫星的正下方，由于观测时卫星可以左右倾斜，无论左侧还是右侧都可以观测到，观测幅度为 2320km，大约是 ALOS 的 3 倍。"扫描模式"达到 490km 的观测范围，超过 ALOS/PALSAR 的 350km。在绕地球一周的约 100 分钟里，有 48 分钟的观测时间，这也是 ALOS-2 的优势所在。

（2）观测模式不同，分辨率/观测范围的变化

ALOS-2 可以选择 3 个类型的观测模式。

高分辨率 1m×3m 的"聚束模式"（观测范围 25km），分辨率 3~10 米的"条带模式"（观测范围 50~70km），以及观测大范围的"扫描模式"（分辨率 60~100m，观测范围 350~490km）。

（3）可以全天候进行详细的观测

合成孔径雷达不受昼夜、气候影响，可以穿透云雨进行拍摄。

（4）应对灾害时的迅速观测

灾害发生时，需要迅速采取应对措施。ALOS-2 可以利用卫星左右两翼进行拍摄，周期时间大幅缩短（迅速穿过应观测场所），由于加强了数据传输能力，迅速观测成为可能。日本国内发生紧急灾害观测时，最短 2 个小时，最长 12 小时之内就可以得到灾害图像。

6.3 InSAR 技术在建筑领域的应用

随着我国经济建设的高速发展，城市中地下空间的利用和各类高层建筑物日渐增多。由于地下空间开挖对岩土土体的影响，建筑物的增高、荷载的不断增加，在地基基础与上部结构共同作用下，建筑物可能发生不均匀沉降，其后果轻者将使建筑物产生倾斜或裂缝，影响正常使用寿命，重者将危及建筑物的安全。因此，为保证建筑物正常安全使用，应当采用技术手段来动态掌握建筑物变形情况，以实现对建筑物的安全鉴定。随着卫星遥感技术的发展，作为变形监测重要手段的 InSAR 技术逐渐走向成熟和应用，已经广泛应用于建筑物的监测中。

2003 年，Berandino 利用 Naples 地区 55 副 ERS 图像对沉降进行研究，通过对比建筑物的局部形变信息，标明 InSAR 技术测量获取的数据与水准测量结果一致。

2004 年，ColesantiC 等利用 InSAR 技术开展滑坡影响环境内的建筑物安全预警工作，发现移动速度为 -10mm/a 的滑坡导致位于该活动范围内的建筑物产生不均匀沉降，进而出现裂缝。

2006 年，西南交通大学的刘国祥团队将 PS - InSAR 技术应用到上海城市沉降监测中。

2007 年，西班牙的加泰罗尼亚理工大学将 GB - InSAR 应用在到城市地表形变监测和地形图测量方面，并获得良好的效果。

2010 年，MicheleCrosetto 利用多时序合成孔径雷达差分干涉测量（Multi - Temporal InSAR，MTInSAR）技术对巴塞罗那港口的海堤和建筑物的沉降变形进行研究，其结果与水准测量数据的最大沉降速率差 1.1mm/a，表明采用 InSAR 技术研究建筑物的沉降是理想的。

2012 年，兰恒星等采用 PS - InSAR 技术，利用高精度 TerraSAR 数据分析天津地区地面沉降对塘沽新村内不同类型建筑物的影响，为该地区建筑物沉降风险控制提供了实验数据依据。

2013 年，周朝栋等人利用 PS - InSAR 技术研究区地面沉降信息，联合 GIS 空间分析的方法提取同等地下水开采影响下的不均匀沉降分布。另外，采用阴影长度法提取研究区建筑体高度，最终结合空间分析和回归分析法得到建筑容积率与地面沉降之间的关系。

2015年，BianchiniS等通过对C波段获取的InSAR监测成果进行空间内插以获取沉降图，避免了永久散射体点分析导致的采样不足的缺点，从而实现对城市地区建筑物沉降危害的识别。

2015年，赵亿等以渤海大楼为例，参考建筑沉降监测规范，对比分析了InSAR与水准测量的沉降量值，提出InSAR技术可用于大道建筑物三级测量精度指标。

2016年，杨魁等人以天津市不同类型建筑物为例，从密度、点位分布、质量等方面分析和对比永久散射体识别策略相对于其他单一方法的优势，验证了识别策略的有效性。

2017年，杨魁等人提出面向单体建筑物的InSAR监测与应用方法，在区分地面沉降与建筑物沉降的基础上，提取建筑物的沉降信息并结合基坑、建筑物特征等背景资料开展建筑物的灾害评估分析。

2017年，张跃等研究了城市场景下高分辨率InSAR相干系数图中的统计特性，并以树木、建筑物和阴影作为标准，分别用Gaussian、Weibull、Rayleigh、Nakagami和Beta五种常用的概率分布模型进行建模，在TanDEM-X数据上的实验表明，Beta是精度最高的统计模型，利用该分布可以实现建筑物的检测。

近年来，我国房地产市场发展迅猛，推动我国成为了世界头号建筑大国，但我国住宅工程质量总体不高，住宅工程质量问题频发、多发。建筑物工程质量问题易引发安全事故，如房屋倒塌、管道破损、电力设施瘫痪等。如何快速对存在质量缺陷的建筑物进行监测，对潜在的风险进行有效的评估，是当前房屋建筑保险遇到的困难之一。因此，需引入有效的技术手段，对标的建筑物主体结构进行连续、定期的监测，准确掌握建筑物主体结构的安全状态，而这正是InSAR技术的优势所在。

6.4 InSAR技术在轨道交通领域的应用

在我国的国民经济振兴投资计划中，重大工程中大型线状地物的建设及更新占有很大比重。这些大型线状人工地物包括高速铁路、高速公路、大型桥梁等，它们已日益成为现代社会的生命线。由于受到人为因素和自然因素的影响，高速铁路沿线及其周边会有缓慢的地表沉降，同时高速运行的列车会对路基和桥梁等产生压力，久而久之，路基以及桥梁会产生变形。尤其是不均匀的地表沉降会使路基、桥梁的支柱等产生变形，从而导致轨道不能保持平稳状态，这不仅严重影响了旅客的舒适度，还会对列车的安全运营造成影响。

2008年，Ge D. Q.等采用2003—2004年的EnvisatASAR影像数据，对长期因地下水开采而地面下沉的华北平原京山铁路廊坊至天津段沿线的地表沉降进行了研究，该研究从大范围区域覆盖的空间角度，讨论分析了铁路线所经区域的宏观地表沉降变形情况。

2010年，伍吉仓等利用短基线差分雷达干涉测量技术，监测上海磁悬浮沿线地面沉降，通过选用相对稳定的轨道点作为参考点，与轨道两侧缓冲区带内剖面上的点进行干涉相位求差，得到轨道两侧点和路基间的沉降值。结果表明，两侧相对路基而言虽略有沉降，但沉降差异值较小。

2008年，陈富龙等利用获得的11景L波段PALSAR雷达数据，采用改进的PS-InSAR技术对青藏铁路北麓河段路基的稳定性进行了研究。

2012年，张宁宁等采用CR-InSAR和PS-InSAR结合的相技术，利用20景雷达数据进行差分干涉测量处理，提取了苏通大桥重点监测部位的基础沉降量，并与有限元的计算结果进行了对比。

2013年，李珊珊等人利用SBAS-InSAR技术对青藏高原铁路段的形变情况进行监测，揭示了2007年至2010年冻土的季节性形变规律，证明SBAS-InSAR技术可以成功应用在冻土地区的铁路形变监测方面。

2016年，张兆旭利用PS-InSAR技术获得了天津市静海区的地面沉降速率图和沉降时序图，最后选择京沪高铁静海段上典型PS点进行PS点沉降时序分析，验证了PS-InSAR技术在高速铁路沉降监测中的可行性和可靠性。

在铁路线路方面，按照"十三五"规划，2020年中国铁路网络的总营业里程将达15万千米，高铁里程将达3万千米。仅在2016年，全国铁路行业固定资产投资完成8015亿元，投产新线3281千米，新的投资规模5500亿元。这样庞大的铁路资产，分布范围广、所在区域地质条件复杂多变，面临极高的铁路形变风险。且地铁建设项目工期长，从规划设计到竣工运行，需要经历很长一段时间，在工程项目的不同阶段也面临大量形变风险。为抵御铁路资产的极高风险，于 2015 年成立了中国铁路保险公司作为铁路系统专业的风险管理平台，与中国人寿保险、中国太平洋保险等多家经验丰富的保险公司合作抵御风险。虽有专门的铁路风险管理平台，但仍缺乏可大范围、时效性强、长期持续的高精度铁路形变监测技术，这正是 InSAR 技术的用武之地。

6.5　InSAR 技术保险应用思路

InSAR 技术非常适合监测分析因地面沉降带来的建筑物、铁路、公路、地铁、桥梁等工程的形变风险，能有效提升风险管控、防灾防损和损失评估服务能力。

一是承保前风险管控。全面准确地获得承保标的所在区域的历史沉降数据，分析其沉降现状及演化趋势，为道路桥梁工程险、写字楼住宅财产险、高铁高速公路大型工程等固定物有针对性地制定施工、风险管控方案提供重要技术支持。例如，通过获取地铁沿线条带缓冲区内的地表、建筑物的历史沉降数据及演化趋势，有针对性地为地铁建设开展地质补充勘察、房屋及管线调查、优化线路选型、地质灾害防治等提供指导建议，为保险公司提供风险情况报告。

二是承保后防灾防损。通过对标的沿线或周边的动态监测，跟踪和掌握标的及周边地表沉降和建筑物形变情况，结合地表沉降历史演化规律，筛选潜在风险点，为客户提供预警及防灾防损服务。例如，通过高铁沿线周边进行全天候 InSAR 监测，可以筛分出地质沉降较严重区域的高风险区域，发现地面不均匀沉降达到风险阈值范围。对高风险区域进行建筑机理分析，并及时反馈给客户防灾防损报告，采取相关补救措施，防止灾害损失的发生。因为 InSAR 对肉眼难以发现的建筑物及桥梁形变进行动态监测，可以做到防患于未然，有效减轻客户和保险风险，提升客户服务能力。

三是出险后责任界定。通过对建筑物保险标的灾前灾后的长时间 InSAR 卫星图像对比，分析标的所在区域沉降趋势，并将快速沉降周期与在建工程建设周期进行匹配，从而界定是否因工程建设引起沉降问题。

6 InSAR 技术在风险减量管理的应用与保险实践

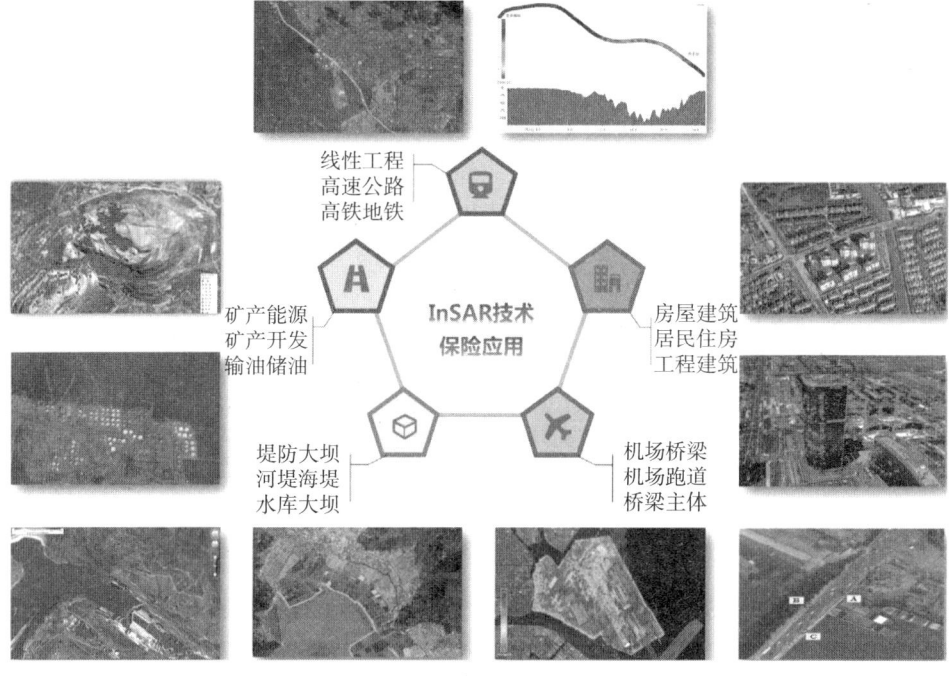

图 6-1 InSAR 技术在保险应用领域介绍

6.6 典型案例

6.6.1 InSAR 技术在 IDI 保险中的应用

近年来，我国 IDI（工程质量潜在缺陷保险）制度正在不断完善和推广，而上海是最早开展该险种试点的城市。2012 年开始试点，相关部门为全市 4 个住宅项目 4000 户居民的 55.4 万平方米住宅提供了 13.9 亿元的风险保障。试点三年后，上海市计划先从浦东新区推广，然后逐步向本市其他辖区推广。建筑质量潜在缺陷保险制度的推出，标志着保险机制全面融入建设工程质量风险管理体系。保险公司强化社会服务功能，为中小业主提供及时、便捷、优质的保险理赔服务和物业维修服务。一旦发生房屋质量问题，就可以直接向保险公司报案，由保险公司提供资金，并介入后续全部维修处置工作。能够有效地解决当前物业保修金使用中存在的耗时久、程序烦等难题,也有利于缓解相关政府部门直接面对社会矛盾纠纷的局面。

该保险在上海成功推行后,北京也开始了 IDI 保险试点,未来势必将在全国范围内实施。由此可见,建筑工程质量潜在缺陷保险具有广阔的市场前景,同时,其独特的风险管理要求使保险公司成为核心,各方主体彼此监督,对共同促进工程建筑质量的改善提高,具有积极的社会效益和经济效益。在此背景下,通过业务探索、创新与实践,推动卫星遥感 InSAR 应用与 IDI 保险相结合,服务保险市场和最终客户,有助于构筑全面、立体的风控体系,提升 IDI 保险项目风控服务总体水平,提升客户体验;有助于承保项目风险控制,降低出险频率,减小事故损失,进一步提升承保项目效益,具有非常好的示范意义。

InSAR 技术能够获取城市建筑物从规划阶段、设计阶段到施工阶段、运营阶段长时间序列的形变信息。通过分析城市建筑物在时间域上的形变速率大小以及在空间域上的分布情况,可确定城市建筑物形变风险程度,研究不同城市建筑物在不同状态下的形变规律。结合城市建筑结构信息,建筑物三维模型数据等,构建科学的城市建筑物形变风险分析体系,初步对城市建筑物形变风险进行区划,为城市建筑风险的治理提供技术支持,对潜在的建筑形变风险进行

图 6-2　应用 InSAR 技术监测小区总体形变情况

预测及实时预警。根据生命周期风险管理、风险评估及预警、形变影响因素的可能原因等形成风险分析成果，为 IDI 保险提供风险识别、承保后的高危房屋建议服务及损赔定责。

6.6.2 InSAR 技术在宁波老旧房屋风险监测中的应用

InSAR 技术对老旧房屋质量风险快速排查具有较大优势，尤其适用于大范围的老旧房屋风险排查，识别其建筑质量风险。

利用宁波鄞州区 2013 年至 2016 年的 30 景 SAR 卫星数据，监测 2013 年至 2016 年三年间的地面沉降累积量，将房屋沉降监测结果与风险管控进行结合，以小区或街区为单位进行住宅质量风险评级，划分为高危险区、中等危险区和低危险区，并给出风险管理建议。以图 6-3 为例：

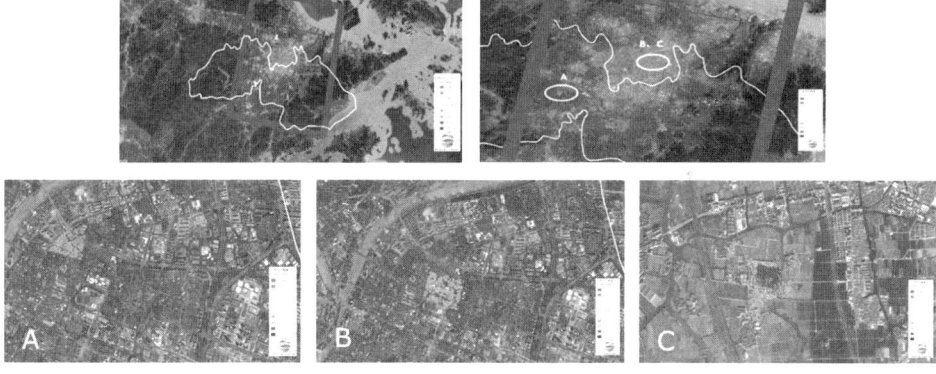

图 6-3 宁波鄞州区房屋沉降图

A 区域的小区全为低沉降、低风险住宅区域，代表 A 区域小区内的住宅在这三年间都未发生建筑下沉，即建筑稳定性、健康状况良好，未发生质量风险。非人为因素发生住宅质量问题的可能性低，对 A 区域的风险评级为低风险区，承保该区域所承担的房屋质量损害风险低。

B 区域为大部分低沉降低区域中夹杂小部分中等沉降区域，表示该范围内大部分区域为低风险住宅。将 B 区域内的小区划分为中风险区域，有一定的承保风险。

C 区域为大部分高沉降区域，表示该范围内的大部分区域皆可能为高危风险房屋，在监测的时间段内，该区域房屋形变量大，且在未来极可能继续恶化并引发恶性墙体开裂或坍塌事故。此区域发生住宅质量问题的风险高，划分为高风险区域。

6.6.3 InSAR技术在堤防保险中的应用案例

堤岸是防潮防汛的一线工程，也是抗御洪水的主要设施，还是保证城市汛期安全的重要基础市政工程设施。堤岸一旦失稳造成溃决，将给两岸人民的生命财产安全造成严重威协。堤岸分为河堤、江堤、湖堤、海堤以及水库、蓄滞洪区低洼地区的围堤等。我国每年汛期在江河两岸投入大量人力和物力确保堤岸安全渡汛。堤岸在汛期所受洪水和风浪共同作用下，出现堤岸冲刷现象，进而造成堤岸形变、开裂，对堤防安全构成威胁。在高水位时，堤岸浸泡饱和，岩土体含水重量增大，抗剪强度减低。以致当水位骤降，土体失去了外水的顶托力时，高水位时渗入岩土体内的水又反向江河内渗出，促使堤岸滑脱坍塌。因此在大洪水、洪峰过后的落水期，堤岸容易出现形变与坍塌。

温州市每年汛期长达6个月（4月15日～10月15日），7月中旬至10月15日为主汛期，期间易出现台风强降雨情况。加之温州极端气候事件较频繁，根据市气象局发布报告显示，2018年预计有24～28个台风生成，其中3～5个台风影响温州，影响重于去年。堤岸稳固是温州市安全度过汛期的重要保障。

通过2015年7月至2018年5月的数据分析来看，温州堤岸监测范围内PS点数量2313223个，平均形变速率小于 -15.0mm/yr 的PS点共有43461个，其分布如图6-4所示，主要分布在沿海一带。

6.6.4 InSAR技术在重大工程中的应用案例

以深圳沿海高速公路应用为例，采用PS-InSAR技术获得高速公路2013—2016年路面的沉降变形历史存档数据，并通过反演计算获得高精度沉降变形成果。对沿线整体风险进行识别和提取，分析其变化趋势，对高速公路路面及收费站等沉降风险较大的区域开展变化趋势分析，为保险风险防控和防灾防损服务提供支持。

基于InSAR数据，针对高速公路沿线路面、桥梁、收费站和服务区等对象，研究区域沿海公路总体风险进行识别和提取。通过分布在沿线地表不同位

6　InSAR 技术在风险减量管理的应用与保险实践

图 6-4　温州堤岸平均形变速率超过 -15mm/yr 的 PS 点分布

置的雷达干涉测量监测点,计算分析出各监测点的三维坐标并保存到数据库。根据历史沉降序列情况,通过数据分析软件分析区域内目标设施各监测点的沉降变化量、变化趋势,并结合其他资料对沿线整体的稳定性及沉降情况进行分析。

广深沿江高速公路深圳段的总体情况如下图所示。根据计算结果,在高速公路沿线共获取 14124 个 PS 点,依据 8mm/年作为形变速率阈值,在区域内共发现 739 个形变速率大于该阈值的 PS 点,占全段总数的 5.21%。

总体来讲,路线穿过区域较为稳定,但由于填海区域土质松软、桥梁的热胀冷缩和收费站沉降等原因,部分区域出险较大沉降。针对这些重点区域,开展了沉降趋势分析,从承保前的风险管控和承保后的风险监测等方面给出相关建议。

图 6-5　应用 InSAR 技术监测高速公路总体沉降情况

7 物联网技术在风险减量管理的应用与保险实践

7.1 物联网简介

7.1.1 物联网技术基本概念

物联网的概念是在 1999 年提出的，它的定义很简单：把所有物品通过射频识别等信息传感设备与互联网连接起来，实现智能化识别和管理。也就是说，物联网是指各类传感器和现有的互联网相互衔接的一种新技术。信息传感设备指无处不在的终端设备和设施，包括具备"内在智能"的传感器、移动终端、工业系统、数控系统、家庭智能设施、视频监控系统等，还有"外在使能"的，如贴上 RFID 的各种资产、携带无线终端的个人与车辆等"智能化物件或动物"或"智能尘埃"。互联网包括各种无线和/或有线的，长距离和/或短距离的通信网络，以及内网、专网等各类互联网环境。智能化识别和管理指对于终端收集的数据通过采用适当的信息安全保障机制，提供安全可控乃至个性化的实时在线监测、定位追溯、报警联动、调度指挥、预案管理、远程控制、安全防范、远程维保、在线升级、统计报表、决策支持、领导桌面（集中展示的 Cockpit Dashboard）等管理和服务。经过上述几个环节，实现对"万物"的"高效、节能、安全、环保"的"管、控、营"一体化。

7.1.2 物联网技术与风险减量管理

随着保险行业对新科技的了解越来越多，以及越来越多的实体设备连接到互联网，物联网在保险领域的作用也越来越大。由物联网产生的大量有效数据，为保险行业在辨识风险、减少损失、调整保险费率、更换保险服务模式等方面带来了新的发展机遇。

车联网为物联网在交通运输领域最典型的应用。通过车载终端获取被保车辆状态相关数据、驾驶员驾驶数据、车辆行驶数据，一方面对监测到的驾驶员高风险驾驶行为及时提醒，起到预防车险事故发生的作用；另一方面通过对所收集数据的分析，对用户群进行细分，指导精准、差异化的定价，为客户提供个性化的增值服务。

依托各类个人可穿戴设备的运动、医疗应用程序为物联网在个人健康医疗方面的典型应用。诸如手环、手表、服装等可穿戴设备能够获取用户的生命体征数据及运动状态数据，以此为基础，能够针对不同个体进行健康险、养老险等人身险产品的差异化定价，同时为客户提供针对性的健康管理服务。

家庭财产也是物联网应用的一个典型场景。目前，诸如烟感、燃气泄漏监测、电路监测、水浸监测、智能摄像头等设备已进入普通居民的家庭。此类终端设备在收到异常数据后能够立刻通过通信网络进行预警并向相关人员进行通知，识别诸如盗窃、火灾、水淹、燃气泄漏等风险事件。保险机构可与设备厂商合作，结合获取的数据，为客户提供家庭财产保险、责任保险等保险产品，一方面帮助客户预防和控制风险，另一方面提供针对性的保险补偿。

企业财产是物联网应用的另一个典型场景，常见的包括水浸监测、液体泄漏监测、火灾监测、智能监控，通过一系列物联终端，实时监测企业运行中的水灾风险、液体（油、化学药品）泄漏风险、火灾风险、安全管理风险，将风险管理前置于企业生产环节，及时发现风险并通知责任人采取措施，构建"安全工厂"新模式。

物联网在城市治理方面也有很好的应用，如在电梯维保、城市内涝预警、公用事业管理方面的应用，通过获取电梯运行数据、城市内涝点的位置及积水数据等信息，提高专业单位及机构对风险的实时监控水平和快速反应能力。

以下将结合实例，对物联网在道路交通、火灾、水灾风险减量管理方面的应用做逐一介绍。

7.2　物联网在道路交通风险减量管理中的应用

在风险减量管理方面，车联网技术具备传统技术不可比拟的优势：它能够获得更精准，更丰富，更详细，更动态的人、车、环境数据，因此能更精准地识别风险、预测风险和管理风险。车联网技术的应用，能够从本质上弥补传统技术手段在防灾防损方面的短板，并在此基础上优化保险公司传统的风险减量管理的技术手段，从而大幅提高道路交通风险减量的效率和效果。车联网已成为道路交通风险减量管理的利器。关于车联网技术在道路交通中的风险减量应用在之前《典型险种风险减量管理实践》中已经详细介绍过，这里不再赘述。

7.3 物联网在水灾风险减量管理中的应用

水灾是导致保险标的损失的主要灾因，做好水灾的风险减量管理对于保险公司来说具有重要意义。这里所说的水灾，主要包括暴雨、台风、洪水等自然灾害；水灾的风险减量管理，主要指在发生暴雨、台风、洪水等灾害前，有针对性地采取措施，避免或降低事故损失和影响范围，最终实现灾前防灾，灾中防损。保险公司的水灾风险减量管理从主要流程看，包括水灾风险普查方案制定及实施、信息的收集与应对、临灾预警及响应等三个主要环节。这三个环节没有绝对的先后顺序，也并非完全独立、彼此割裂的，可能穿插进行。

物联网在水灾风险减量管理领域的应用主要在临灾预警及响应环节，临灾预警及响应指收到预警信息后，及时针对保险标的采取加固、转移、抬高等措施减少保险标的损失的行为。水浸传感器监测到水淹事件，向相关人员发送预警通知，相关人员采取抢险施救措施。积累的数据还可用于指导水灾风险普查方案的修订。人保财险自2018年起，陆续在水灾风险较高的分公司试点推进依托物联网的水灾风险减量管理项目。一方面，与当地政府水利部门合作，接入市政道路低洼点如涵洞、立交桥下等水浸预警数据，服务于车险客户；另一方面，为财产险重点客户购买并安装水浸感应器，接入客户水浸预警数据。同时，建立起相应的预警响应机制，收到预警的第一时间迅速联系客户，并协助客户采取厂房加固，物资转移、垫高等措施，起到了良好的减损效果。下面以某分公司实际应用为例，说明物联网（水浸预警平台）在水灾风险管理领域的应用。

7.3.1 水浸预警平台特点

水浸预警平台的特点主要有四个方面：一是基于3S（RS、GIS、GPS）等空间信息技术的多源洪水数据获取和积累方式，构建城市内涝多元空间信息数据库；二是基于多源数据的多层次城市内涝风险图谱制作和应用模式；三是利用基于物联网的城市内涝实时监测数据创新实时预警客户服务内容整体思路；四是利用手机 App、微信等线上技术，实时开展人保 PICC、公安交警、水务部门三方联动，人保提示预警危险地段，交警指挥车辆移位或绕行，水务及时排水。

7.3.2 水浸预警数据来源

一是接入政府已有积水监测点数据。当积水点实时水位达到警戒点时，自动生成预警信息。对每个积水点，可查看一定时间内的（例如 3 小时）水位变化趋势曲线。

二是接入公司自主安装在重点企业或社区的积水监测设备。结合公司在当地开展的水淹物联报警服务项目，接入水淹物联报警设备的预警信息，并在系统中实时展示。

三是探索接入交警系统或市民上报的积水点信息和拍摄图片，并在系统中进行集成和展示，完善预警的覆盖面和监测密度。

四是根据前端监测站的实时雨量监测数据绘制降雨等值面，统计各区域的降雨量，对当地降雨核心区域进行范围显示和跟踪，当降雨量达到案范围预设级别或暴雨级别，将进行报警。

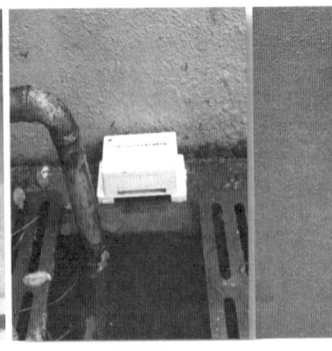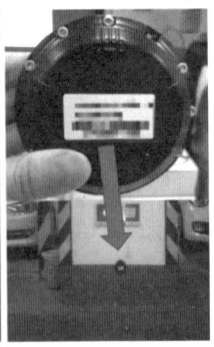

图 7-1　水浸传感器主要类型

7.3.3 自主为企业客户安装水浸传感器模式

自主安装模式主要针对财产险客户,通过在企业合适区域安装水浸传感器,及时识别水淹事件并进行响应,从而达到减少企业水淹损失的目的。

7.3.3.1 重点客户及低洼区域筛选

安装水浸传感器首先需要筛选重点客户,确定哪些客户需要安装水浸物联传感器,收集水淹预警信息并迅速采取应对措施。风险客户选择标准包括但不限于以下几方面。

(1)周边环境:位于低洼易涝地区项目,位于江、河、湖、海附近项目,位于蓄洪区、泄洪区项目,投保标的为孤立建筑的项目。

(2)历史赔付:续保客户有水灾出险记录的项目,特别是汛期出险频次高、赔案金额大的项目;近3年有暴雨、洪水、台风出险记录的企业。

(3)行业/标的性质:仓储及简易建筑类项目,易遭受停电影响的冶炼、化工、石化等大型生产企业,保期内主承保的工程险项目,保额20亿元以上道路、铁路、地铁、水利水电、水库工程。

(4)经营情况:有停产、停工、产品积压滞销现象的企业,现金流或银行授信出现问题的企业,处于经济下行周期的中小企业。

除重点客户外,对于车险业务,应关注低洼区域,包括地下停车场、涵洞、立交桥下、低洼地段停车场等。

7.3.3.2 与客户沟通

选好客户后,需要与客户沟通设备安装意向。在实际工作中,部分客户可能存在以下三点顾虑:一是担心水淹报警设备采集企业的环保排放、安全管理等方面的数据,涉及企业隐私;二是设备费用及运行产生的流量、维护等费用是否需要企业承担;三是设备发出报警信息后,企业未能有效阻止赔案的发生,是否会影响保险赔付。

对此,客户经理及防灾防损人员应向客户进行充分的说明,设备仅用于对水淹情况的监测及报警,费用由保险公司承担,不影响出险赔付。

7.3.3.3 设备安装

(1)适宜安装的地点

水浸物联设备受到安装区域、传感器位置高低、安装点位积水深度、安装点位排水速度快慢以及其他一些外力因素的影响，会存在误报情况，所以安装位置、安装高度的选择对报警准确性有较大影响。

通常一个企业安装的报警设备在3台以内，安装位置的选择通过以下三点进行确定：（1）按照现场查勘，选择地势低点或重要物资保护点进行安装，一旦遇到暴雨，水淹报警器及时发出警报，可以给企业留有更充足的反应时间；（2）按照客户指定地点进行安装，企业内部如有专门的防汛制度，安排有专人管理抽水泵或其他防汛设备，可以作为自动启泵抽水设备液位控制器的失效备用装置，用以防范自动启动失效所带来的风险；（3）按照过往出险记录，对多次出险位置点进行安装，一是通过水淹报警提醒客户及时施救，二是通过有效的手段来监测出险的真实性，同时与理赔配合第一时间确定出险状况，第一时间现场查勘，防范道德风险的发生。

（2）不宜安装的地点

实际的安装操作中，安装位置不合理的话，会造成部分位置点频繁报警、误报警发生，主要是企业雨水集水口、排泄口位置不宜安装；此外，人行通道与车辆通道突出位置不宜安装，容易因碰撞造成设备损坏。

（3）安装高度的调整

水淹传感器探头安装高度偏低，会造成小雨即报，且频繁报警，最终造成"狼来了"的情况，导致企业管理人员在频繁收到无效报警后麻痹大意，在真正水淹时也不能认真应对，致使报警设备丧失其使用价值。

若安装高度过高，则会导致水位较高才发出警报，结果为时已晚，企业已经没有应对时间，从而错过最佳救援时间。

因此，为了达到最佳的使用效果，保障水淹报警设备能够准确地发出水淹报警，需要对水淹报警设备传感器探头的安装高度进行调整。此过程需要客户安全管理人员、公司业务人员、防灾防损人员和设备服务商的配合。通过建立水淹回访机制、开展降雨量联动分析、对比理赔报案情况，优化安装高度，有时甚至需要经历多次降雨过程，予以多次调整，直至最优高度。

（4）报警响应

水浸物联报警设备在水淹后会第一时间发出水淹报警，报警信息的接收人包括：企业负责人（或安全主管），保险公司业务人员、防灾防损人员，每个接收人在接收到报警信息后需要进行不同的信息处置。

保险公司业务人员应在收到报警信息后，第一时间电话联系客户，询问客户是否收到报警信息。向客户了解现场水淹状况，是否采取了必要的防范措施，必要时还可上门了解情况。部分已开展第三方应急救援服务的地市，还可询问客户是否需要协助救援。业务人员将了解到的情况反馈至所在经营单位的防灾防损人员。

保险公司经营单位的防灾防损人员在收到报警信息后，应立即与业务人员取得联系，督促业务人员向客户了解情况，必要时可直接与客户联系。同时，将了解到的情况向市分公司防灾防损人员进行报告，报告的内容包括但不限于是否发生水淹、水淹深度、客户是否具备防护能力、已经采取的防护措施、是否需要第三方协助救援等。

市分公司防灾防损人员统筹调度，确认各经营单位已收到报警信息，收集报警的反馈情况，协调外部救援力量及公司理赔人员，做好下一步处置方案的准备工作；整理报警情况，对于误报的情况予以记录，并安排后续维保人员进行调整；险情解除后，及时在系统中进行解除报警操作，确保设备重新处于运行状态。

7.3.4 接入政府水浸数据应用模式

政府水务部门水浸传感器数据、交警系统水浸传感器数据、个人上传积水点数据等信息主要集中在低洼路段、涵洞等地，因此该数据主要用于车险客户的防灾防损。

一是防赔融合。预警信息推送给查勘员，查勘员及时赶赴渍水路段，对路段车辆进行提示，并及时处理线程案件，有必要时可以阻隔道路，阻挡车辆通行，避免水淹车事故发生。

二是政企互动。预警信息及时通知给水务部门和交管部门、电台、客户，水务部门根据渍水情况，及时通知排渍车辆人员及时进行排渍；交管部门对渍水路段进行道路管制；通知电台及时发布信息让驾驶员避开渍水路段，经过渍水路段车辆及时调头改道。

三是客户互动。通过微信、App 向车险客户发送信息，告知客户当地当前渍水路段及时采取避让措施。

四是物业互动。通过信息及时传给对应小区物业对小区渍水进行疏通和排泄。并提示客户及时将车辆从地下车库移到高处，避免淹水。

图 7-2 武汉城市内涝监测预警平台及短信提醒

7.3.5 水浸预警平台成效

仅 2020 年 6—7 月武汉城市内涝检测预警平台（水浸预警平台）试运行期间，武汉市公司兼岗或专岗防灾防损人员接收市政渍水点报警信息 36 条，全部到现场进行了应急处置，阻止可能涉水行驶车辆 500 余台；收到自主安装水浸报警器报警 8 条，成功帮助某企业转移存货，挽回经济损失超百万元。总体来看，在试运行一个月的时间内，通过平台预警监控及及时响应，成功减损近千万元。

与武汉城市内涝物联监测预警系统类似，基于上图 7-2 中不同类型的水浸监测物联设备，人保财险浙江、江苏等分公司也在不断探索城市内涝物联监测预警系统应用，取得了初步成效。

7.4 物联网在火灾风险减量管理中的应用

在各种灾害中，火灾是最经常、最普遍地威胁公众安全和社会发展的主要灾害之一。火灾风险减量管理的基本思路是：防火—避火—控火—耐火。从企业的角度讲，火灾风险减量管理就是围绕这四个方面来开展工作。

防火是人们为火灾设置的第一道防线，其直接目的是破坏燃烧条件。该项防火技术措施依靠防火管理、建筑设计、设备设计共同完成。防火的基本原理就是防止燃烧三要素同时出现并相互作用，可以通过禁止或限制着火三要素中任何一项或两项来实现。避火是指合理设计疏散通道、疏散设施和安全出口，为灾区人员避火逃生创造条件。避火措施对火灾时人员安全疏散负有重大责任。控火有两方面含义：一是把火灾控制在初起阶段，如安装火灾自动报警、自动灭火系统，进行初期有效扑救，主要依靠设备设计和防火管理共同完成；二是把火灾控制在较小范围，在建筑物平面和竖向划分防火分区，在建筑物之间留有适当防火安全距离，切断火灾蔓延途径，既能减小成灾面积，又能便于扑救，主要依靠建筑设计来完成。耐火是防火设计中的最后一道防线，即加强建筑结构构件的耐火稳定性，使其在火灾中不致失效，尤其是不能发生整体倒塌。

物联网在火灾风险减量管理中的应用涉及防火、避火、控火、耐火四个方面，通过物联网技术优化火灾风险管理全流程，达到提高管理效率，提升管理效果的目的。目前，相对成熟的物联网火灾风险管理设备包括智能烟雾探测器、液位传感器、压力传感器、粉尘浓度探测器、智慧用电监测设备、火焰识别相机等。下面结合实例分别介绍相关设备在火灾风险减量管理中的应用。

7.4.1 火灾物联感应设备介绍

7.4.1.1 智能烟雾探测器

NB–IoT烟感是新一代的智能烟雾探测器，它采用基于蜂窝的窄带物联网NB–IoT技术，可以避免复杂的安装布线，还拥有高密集的连接数，可同时接入数十万台设备，也能安全稳定的工作。具有安装便捷、价格低廉、报警及时等优点。

7.4.1.2 液位传感器

以压力监测原理作液位转换,采用电池供电方式,无线以传输方式接入云端,实现数据的自动存储和在线分析监测。可用于消防水池、消防高位水箱的液位检测;石化、环保、自来水网监控、水库高低液位监测、液压油箱、楼宇自动化、恒压供水等智能液位监测的场所。该设备最常见的应用为消防水池、消防高危水箱的液位监测,安装该设备并联网后,可通过计算机、手机等终端设备实时查看水位数据,保证消防水池、高位水箱水位正常。

7.4.1.3 压力传感器

专为物联网应用环境开发,采用无线 GPRS/4G/LORA/NB 传输、电池供电,实现数据的自动存储和在线分析监测。该设备可用于建筑物内喷淋系统的末端试水装置及最不利点消火栓的压力检测;输油、输气、供暖、消防水管网,无人值守和无法实施电源供给等需要检测液体压力的智能监测环境。该设备最常见的应用为培林系统末端试水装置及最不利点消火栓压力检测,安装该设备并联网后,可通过计算机、手机等终端设备实时查看压力数据,保证消防管网水压正常,水量充沛。

7.4.1.4 粉尘浓度探测器

粉尘浓度探测器主要安装于易产生粉尘的工作环境,如食品加工厂、木材加工厂、矿井等,通过各种粉尘浓度在线测量方法测量粉尘浓度,当出现超过阈值的情况时发出报警信息,以短信等形式通知企业责任人员采取措施。该设备能够协助企业安全管理人员控制生产环境内的粉尘浓度,降低爆炸及火灾风险。

7.4.1.5 智慧用电监测设备

智慧用电监测设备主要安装在配电柜、二级箱柜中,该设备对剩余电流、导线温度、电压和电流进行实时监测,将数据传回智慧消防安全服务云平台。当剩余电流、导线温度、电压和电流超过阈值时,系统立即通过短信、App 向指定人员推送电气风险预警信息。收到预警提示后,通过及时查找隐患,维修、更换设备或线路,能够及早发现并消灭电气火灾隐患。

7.4.1.6 火焰识别相机

火焰识别摄像机是集红外光谱分析、报警算法、语音输出、信号输出于一体的科技产品,它能够在本地单体独立完成报警分析工作,也可在联网状态下完成警情联动上传工作,分析精准、误报率低。通过实时监视功能,对目标进行监视,现场视频按照设置规则显示,一旦发现火情,则指挥中心联动报警、保安室联动报警。支持多地区、多个场所、多用户集中管理,实现视频和防火监测。

图7-3 火灾物联感应设备介绍

7.4.2 火灾物联预警流程

7.4.2.1 客户选择

从客户所属行业的风险、过往火灾出险原因、出险部位、受损标的、出险次数、赔付金额、保费规模等维度进行综合分析，筛选出火灾高风险客户，做到有的放矢，提供精准化的火灾预警服务。

智能烟雾探测器主要用于建成年限较早、消防设施配备不足的五小场所、中小企业厂房仓库等，对于已有火灾报警设备的企业，应事先了解情况，避免重复投放。液位传感器、压力传感器主要用于喷淋系统及消火栓系统的企业。粉尘浓度探测器主要用于生产环境中会产生粉尘的生产企业。智慧用电监测设备和火焰摄像监测设备成本较高，应主要投放于火灾风险高、有过火灾赔付、具有一定保费规模的客户，原则上投入成本不应高于客户年保费的5%。

7.4.2.2 设备安装

智能烟雾探测器应安装于企业起火风险高的部位，安装高度严格按照产品说明书执行，避免位置过高影响报警时效；安装时考虑场所的面积大小，结合单个产品的覆盖范围，确定安装的数量；安装时避开梁、柱等影响烟雾蔓延的部位；安装后测试场所的信号强度。粉尘浓度高的生产场所易发生智能烟雾探测器误报的情况，可加装火焰摄像监测设备，提高火灾报警准确率。智慧用电监测设备应安装于存货价值高、设备价值高的仓库或厂房，安装不可过于分散，以免降低设备定位精度从而增加故障设备、线路诊断难度。

7.4.2.3 预警响应

智慧消防设备发出的报警信息接收人包括企业负责人（或安全主管）、保险公司业务人员、防灾防损人员。

对于用电报警情况，收到报警信息后，防灾防损人员应第一时间联系业务人员，由其向客户告知报警部位和报警类型，请客户核实现场情况，并将隐患排除情况进行反馈。

对于烟雾或火焰报警情况，因火灾极有可能在短时间内迅速蔓延，因此，无论是防灾防损人员还是业务人员，收到报警信息后，均应直接与客户进行联系，核实现场火灾情况，并随时做好消防报警或联系理赔人员赶赴现场的行动准备。

险情解除后,由保险公司市分公司防灾防损人员在系统中进行解除报警操作。对于误报的情况,了解误报原因,联系维保人员进行调整,避免误报的再次发生;对于火灾情况,跟踪整理后续赔案处置情况,分析承保、防灾防损工作的成效与不足。

7.4.3 火灾物联风险减量管理案例分享

7.4.3.1 浙江嘉兴安全工厂项目

该模式将物联网技术与保险产品相结合,推出安全工厂综合保险,企业投保后,由人保财险整合最优资源,为企业设立"三位一体"的立体风险解决方案。一是专家现场服务,由行业专家现场排查企业安全生产风险,出具隐患排查报告并对安全隐患进行闭环管理。二是物联预警服务,人保财险根据每家企业的实际情况接入视频摄像头与物联网感应设备,对企业主要风险隐患进行实时监测,及时预警,提示企业进行处置,将风险管理前置于生产过程。三是保险兜底,承保企业财产、安全生产责任,一旦出险及时赔付,帮助企业恢复生产,化解社会矛盾。

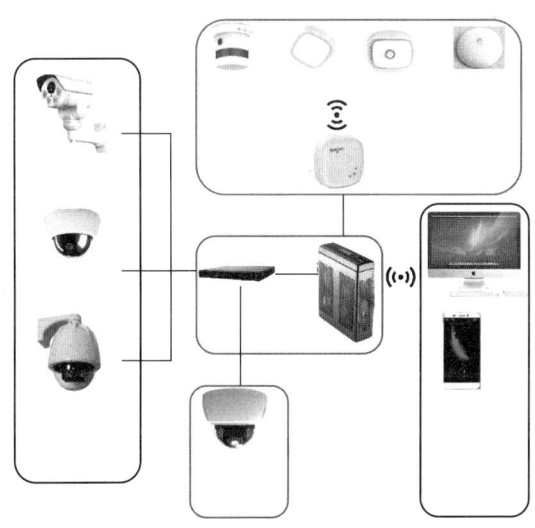

图 7-4 嘉兴安全工厂设备安装示意图

自 2016 年底嘉兴市安监局与人保财险合作探索安责险"保险+服务"模式,并在海盐县进行试点以来,经过几年的发展,至 2019 年,人保财险已建立安全工厂物联网平台，整合33家服务机构，将安责险服务面扩展至一般工贸领域进行试点，当年实现保费2265万元。至2020年11月，主管部门将安责险深化推进至使用危险化学品企业领域，重新组建共保体，人保市场份额65%。

在风险识别与预警处置方面，2020年8月，系统监测到海盐某五企业电线路温度超过70度，发出超温预警及时通知企业风控人员处置，实现有效减损。2020年4月，某企业新增一台大功率空压机，在使用时因为剩余电流过大引起报警，提醒客户注意检查线路漏电流、三相电功率是否匹配，实现有效减损。2020年5月，某企业车间进行电焊动火作业，引发烟雾探测器报警，提醒客户注意控制动火作业范围，降低事故隐患。

7.4.3.2 电气火灾物联监测项目试点

人保财险总部实施电气火灾物联预警服务项目，选取浙江、山东、海南分公司进行试点，为19家企业客户进行电气安全风险查勘，并为其中13家客户部署智慧用电监测设备74套，主要为家具制造、仓储物流等行业客户。项目通过安装配电柜、二级箱柜安装电气监测传感器，对剩余电流、导线温度、电压和电流进行实时监测，并将数据传回智慧消防安全服务云平台。同时，当剩余电流、导线温度、电压和电流超过阈值时，系统立即通过短信、App向指定人员推送电气风险预警信息。通过该试点项目可以做到以下两点。

一是有效识别电气火灾高风险客户。安装前需对企业电气线路进行现场查勘，因此能够掌握客户电气安全，识别企业电气隐患，评估风险级别。例如在对烟台某医院用电安全进行查勘后，发现客户存在配电箱内导线敷设混乱、整栋建筑电气线路老化严重等问题，存在重大安全隐患，立即建议该医院对电气设备先进行改造升级后，再进行监测设备安装，同时将风险情况反馈至承保端。

二是实时在线监测关键指标，确保防患于未"燃"。安装电气火灾在线监测设备后，可及时识别电路异常数据，提示企业采取维修、更换等防灾措施，有效避免电气火灾的发生。

浙江某科技有限公司经物联设备监测发现线温报警频繁，最高超过110℃，排查后发现是热烘工序用电超载导致，存在较大的电气火灾隐患。该企业曾经有过火灾事故，风险意识较强，经提醒和沟通，企业最终对电气线路进行了改造,将电加热改为了天然气加热,降低了电气火灾风险。改造后,物联监测发现,线温报警虽然明显减少,但依然存在。企业随后进一步采取措施,减少电箱外接设备数量,最终消除了线温过高导致火灾发生的风险。

浙江某装饰材料有限公司时常发生剩余电流报警,经排查,是由于加工设备长期超负荷运转且线路老化导致。经沟通反馈,客户高度重视,安排电工每月对报警线路进行一次巡检和维护,有效降低了电气火灾风险。

图7-5　浙江某科技有限公司使用天然气替代了电加热

7.4.3.3　四川成都电气火灾物联项目

受嘉兴"安全工厂"模式启发,为改善电气火灾高风险企财险业务,成都分公司以家具制造业为试点,于2019年7月推出"保险+科技+风控"服务。该公司借助物联网技术监测企业电气运行,提前预警潜在隐患,降低火灾发生概率,从而达到控制风险、降低损失的目的,为分公司风险减量、提高企财险盈利能力提供有效抓手。

该服务项目包括五大方面优势:一是实时监测,巨细无遗。可实时监控线路运行情况,并根据大数据分析诊断,判断运行情况,线路老化、破损等易忽略风险可被提前监测并整改。二是预警处理,有迹可循。收到预警推送后,维护人员利用自主开发的手机App现场处理警情,并做拍照留存。同时对客户进行风险提示,如客户不配合整改,分公司将根据预警风险等级发出风险提示函。三是毫秒推送,全面触达。警情出现后,分公司通过平台弹窗、手机短信、"四川人保财险"微信公众号同步向客户、归属机构、市分公司风控岗推送警情。四是视频封装,数据固定。分公司采用不可逆数据云存储技术,将视频监控数据云存储进"黑匣子",为后期确定事故经过、损失大小,快速理赔提供依据。五是定期"体检",增加黏性。分公司向客户推送月度、季度安全体检报告,增加客户黏性,摆脱传统拼费率做法。

截至 2020 年 7 月,成都分公司"安全工厂"项目已为 60 多家客户提供累计超 14 亿元的保险保障,全市过半经营机构落地开单。系统检测、识别各类风险隐患近 400 起,提示并协助客户整改电气设备及线路 30 余处,有效地将火灾风险遏制在萌芽阶段,目前无一起火灾事故发生。在"安全工厂"项目赢得客户口碑的同时,成都分公司还积极向各级应急管理局、产业园管委会汇报"安全工厂"项目开展情况,并获得相关部门认可,已与多个园区达成合作意向。

8 电气火灾监控技术在风险减量管理的应用与保险实践

电气火灾监控技术体系，在标准层面上主要以国标 GB 14287《电气火灾监控系统》为基础，通过实时对用电线路的剩余电流、温度、故障电弧等相关参数进行监测报警，管控电气火灾发生的风险；相关技术和标准都已经经受了多年的实践检验，可以说是一个非常成熟的技术和产品领域。

但在实践中，仅仅满足国标的电气火灾监控产品表现不佳，误报率高的顽疾始终难以有效解决，本地化的通信架构也不能匹配高速发展的云计算产业发展趋势；因此，一方面，近年来随着物联网、云计算、人工智能等技术的逐步成熟，市场上开始出现在传统电气火灾监控产品基础上融入了物联网、云计算、人工智能等新技术的创新产品；另一方面，传统微型断路器、插座、电表等设备也开始融合电气安全监测功能作为创新卖点。这些创新技术产品的出现大大丰富了电气火灾监控技术的外延和内涵，构成了很多具有活力的技术发展方向，提升了电气火灾监控技术体系管控电气火灾真实风险的能力。

保险是对风险的转移和共担，通过创新技术手段对投保项目进行风险减量管理，可以减少全社会总体风险水平，为保险公司和全社会创造效益；在被保险项目中引入前沿的风险管控技术进行风险减量管理，对保险公司的价值不言而喻。而电气火灾监控技术作为对人民生命财产主要危险源——电气火灾进行管控的成熟而有活力的技术领域，非常适合尽早纳入保险风险减量管理工作中。

8.1 电气火灾监控技术的背景

8.1.1 我国的电气安全治理水平处于较低水平

根据国家应急部消防救援局官网公布的数据，我国电气火灾在所有火灾中的占比超过30%（同期欧美国家为8%~11%，日本仅为3%），重特大火灾中电气火灾占比更是高达57%（数据来源于2017年119消防宣传日公安部消防局新闻发言人答记者问），所有火灾造成的总损失中电气火灾损失占比超过70%，其中伤亡人数这一指标上电气火灾占所有火灾的比例更是高达90%以上（数据来源于安徽省消防总队防火部）。造成这种现状的原因是多方面的。

首先，我国的电气监测系统建设长期得不到国家建筑标准GB 50016《建筑防火设计规范》的强制性安装要求作为推广的有力支撑。电气安全治理水平最高的日本从2002年起即开始立法要求强制安装电气火灾监控系统，此后其电气火灾占所有火灾比例从28%逐年下降到如今的不足3%；而我国的建筑规范GB50016关于电气火灾监控系统的规定10.2.7条款长期为推荐性条款而非强制性条款，直到最新修订的GB50016—2014（2018版）才首次在老年人照料设施也就是养老院强制要求安装电气火灾监控系统。

其次，我国的电气产品质量标准、电气工程施工规范要求不高、执行不严。仅以谐波治理为例，美国从上世纪70年代就对采用变频技术的电气产品做出严格要求，变频后的谐波不能直接向公网排放，必须重新变回50赫兹公频，否则就是不合格产品不得上市销售；而中国目前绝大多数变频设备制造的谐波都直接向公网排放，造成了中国电能质量环境差，剩余电流式电气火灾报警设备误报率高达53%（同时还有8%漏报率），直接导致这种电气火灾监控设备成了摆设，弃用闲置率高达95%（数据来源于华东地区某省消防总队防火部，另有某大型建筑设计院负责电气系统设计的总工程师反映弃用闲置率其实超过99%），造成了一种系统性的惊人的社会资源浪费。

再次，我国的电气产品生产质量问题、电气工程施工质量问题均非常严重。因为全社会电气监测体系的缺失，电气产品生产和电气工程施工的质量问题很难在验收或早期阶段发现，往往只能等到出现问题才知道，这导致低质、低价的产品和服务无法在市场竞争中被有效的淘汰，造成了劣币驱逐良币现象——高性能、高质量、高新技术产品反而中不了标难以推广。

最后，以国家电网公司为代表的高压输配电主干网络中，电气火灾发生数量其实并不多，我国社会主要的电气火灾风险集中在低压用电场景，这些场景普遍存在从业人员业务水平不足、常规工作任务繁重、工作中缺乏有效监测检测设备等问题。

综上所述，我国的电气安全治理水平较低，尽管国务院安委会于2017年4月发布的4号文件强调要在全社会加强电气安全治理工作，但各地在具体落实过程中，多数只是按传统的办法安排几次人员巡检、上交几份自查自纠表汇总出来的工作汇报，意义有限。最终从真实数据来看，效果的确并不显著：根据国家消防总局公布的统计数字，2017—2021年以来，电气火灾无论绝对数量还是在所有火灾中的占比均无明显变化。

8.1.2 传统电气安全治理方法具有很大局限性

8.1.2.1 传统电气检测（低压）

我国的低压电气安全检测业务目前属于消防检测的一个门类，据业内人士介绍，目前具备消防检测资质的企业在进行电气安全检测业务时主要采取以下几种检测方式。

一是视觉外观检测。也就是用肉眼去看有没有焦糊痕迹、接头松动、绝缘破损，这种"检测"其实几乎是无效的，因为电气安全隐患是看不见的，但因为使用专门的仪器检测成本高难度大，视觉外观检测事实上是目前全社会使用最为广泛的电气安全检测方法。

二是万用表检测。主要是用便携式电表测量工作电流和剩余电流，这种检测意义也比较有限，所检测的指标只是一个瞬时值，检测时超标肯定是有问题，但检测时不超标不能说没有问题，而检测出问题后排查也是一个很麻烦的问题；且剩余电流与电气安全隐患并不是直接相关，首先需要排除谐波干扰，其次还需要排除容感性干扰，这种检测仍有很强的局限性。

三是兆欧式电阻表。俗称摇表，通过检测绝缘电阻值来准确分析被检测的线路是否有安全隐患，绝缘阻抗这个指标确实是最直接与电气安全隐患相关的指标，80%以上的电气故障都是绝缘问题导致的；但摇表检测首先要求检测全过程断电，其次要求所检测线路上所有设备离线，对大多数生产办公场所这两个要求都难以实现，而且无法检测任何不耐高压的电气设备是一个致命的盲点；这种摇表检测因为成本高，操作不便，市场上专业的消防检测企业几乎不会接到用户委托进行摇表检测的业务。

8.1.2.2 传统电气监测（低压）

我国目前的低压电气监测在国家标准中主要体现为GB14287《电气火灾监

控系统》中的 3 类电气火灾监控报警设备，即前文提到过 95% 以上弃用闲置的剩余电流式电气火灾报警器、测温式电气火灾报警器、故障电弧式电气火灾报警器。剩余电流式电气火灾报警器的局限主要是无法排除容感性干扰误报率高；测温式电气火灾报警器的局限是只能对单点进行监测，对非监测点位置的电气火灾无法监测；故障电弧式电气火灾报警器的局限主要是故障电弧的特征电压可能被其他正常设备的电压波动吸收掉，造成监测失效。

在国家标准之外的非标技术体系中，主要代表性产品包括三类：一是"剩余电流式电气火灾报警器+智能电表+透传模块"的"互联网+"型剩余电流式电气火灾报警器，这种产品并不解决误报率高的问题因此弃用闲置问题仍然存在，事实上装了没用；二是电流源绝缘阻抗在线监测设备，这种产品价格昂贵（1万~3万元人民币每监测点），容易受电能质量问题干扰，目前只在个别厂矿企业大型用电设备上极少量应用；三是能耗监测设备，分为纯监测和"监测+控制"（市场上多自称智能空开）两大类，能够监测工作电流过载类型的电气安全问题，但对剩余电流不做监测。

8.1.3 "智慧用电"技术概念的产生与发展

"智慧用电"是电气火灾监控技术领域的一个新兴概念，从现有学科划分而言与"智慧能源""泛在电力物联网"等概念类似，属于电力、物联网与数据分析的交叉学科。电力系统可以粗略分为五个主要环节：发电、输电、变电、配电、用电。"电气火灾监控"主要指对配电环节的末端和用电环节的能耗、电能质量、安全等方面进行实时监测，并对得到的监测数据进行处理、传输、储存和可视化展示的技术。

"智慧用电"指一套让用电过程智能化的工具和方法，由智能化的监控物联网系统和基于该系统的社会管理方法构成，其目的是对用电过程进行能耗监管和安全防控。

智能化的监控物联网系统通常由监控终端、服务器、交互设备构成。监控终端采集被监测回路的用电数据并向服务器传输，同时执行服务器下发的指令；服务器汇总各监控终端上传的监测数据并进行数据处理、储存，并按交互设备输入的指令展示相应的数据或向监控终端下发指令；交互设备指手机、平板电脑、台式电脑或专用用户操作设备，可展示服务器传输的数据信息也可向服务器发送操作指令。

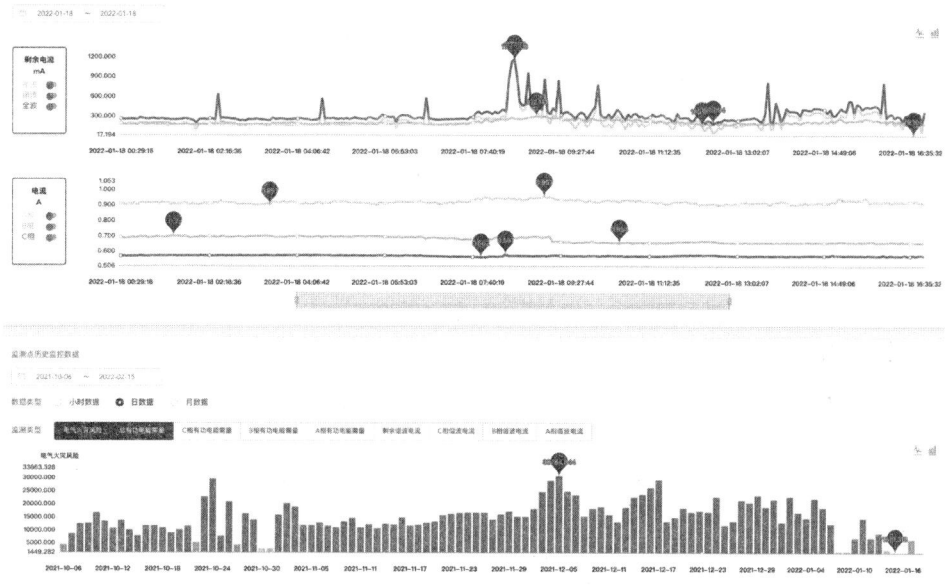

图 8-1 典型的智慧用电系统数据显示页面

基于该系统的方法指安装了上述系统的单位或社会区域按照系统提供的告警信息安排相应的维保工作，在系统提供的监测数据分析结论辅助下开展排查整改等维保操作，根据系统提供的监测数据分析报告评估本单位或区域用电安全形势并制定相应策略。

由于国家标准产品电气火灾监控系统以及各种非标技术产品均不能很好的满足电气安全管控工作实际需要，加之 2014 年后，以无线通信、云计算、人工智能为代表的新技术不断融入用电监测技术领域，且智能手机的不断普及，市场上开始出现各种形态上异于传统"电气火灾监控系统"的新产品；在此基础上，"智慧用电"这一新概念开始出现和普及。

"智慧用电" 2008 年曾巧合性地出现在广东地区举办的科技比赛名称中，但并没有明确的所指。2014 年起广东珠海的一家企业开始使用"智慧用电"概括其主营业务，2015 年浙江、安徽一带的企事业单位开始跟进使用这个概念，主要目的是在业务中规避使用"电气火灾监控系统"这一传统名称，进而规避与传统"电气火灾监控系统"的低价竞争，同时也试图避免被传统"电气火灾监控系统"误报多、实用性差的固有印象错杀；同期北方，尤其是东北地区企业则更倾向于继续沿用"电气火灾监控系统"这一名称,即便有技术创新也会强调创新产品与传统产品的技术延续性。但随着"智慧用电"这一概念在东南和南方经济发达地区的业务实践中广泛使用,智能断路器、智能插排等多种智能电气产品逐渐被纳入概念范畴,高校和科研院所的相关研究中也开始逐步普及这一概念,其外延内涵渐渐得以明确。截至2021年底,用电监测技术领域的业界、学界基本上已经就这一概念形成了一定的共识:"智慧用电"指具备一定程度人工智能技术色彩的无线物联网用电监控系统和基于这类系统的社会管理方法。

虽然到目前为止,"智慧用电"这一技术概念还不能说完全展现出了解决所有电气火灾监控技术领域现存问题的潜力,但仅从科研课题立项、论文发表、专利申报数量来看,"智慧用电"呈现出井喷式的高速发展态势,是电气火灾监控技术领域目前最有竞争力的技术概念。

8.1.4 "智慧用电"技术概念的内涵

"智慧用电"的内涵指智慧用电作为一个智能化监控物联网系统以及作为一种基于该系统社会管理方法的关键属性或性能。

8.1.4.1 指标

"智慧用电"系统安全防控功能所监测的核心指标是剩余电流[1];辅助监测指标为温度;为了同时实现能耗监管功能以及各种智能化的分析诊断功能,也需要同时监测电流和电压。粗略来讲,各种"智慧用电"系统所使用的指标是完全一致的,但细分来讲,因芯片选型和软件设计不同,各种"智慧用电"系统产品在指标层面实际上有很大的区别,较领先的"智慧用电"系统产品在指标层面具备以下特点。

全面性:全面考虑基波、谐波区分和频率、相位、功率因数等因素的"智慧用电"系统,总的监测指标数量在30个以上[2];

时效性:系统数据更新频度小于30秒/次,过低的数据更新频度无法支持一线工作;

---

[1] 即通俗称呼中所谓的"漏电流"。
[2] 不做基波/谐波区分或缺乏频率、相位、功率因数等指标不利于后续以隐患诊断为目的的数据分析。

长期性：系统提供代表较长时段电气运行状态的统计数据，以便在一张图表中分析较长时段数据变化的特征①；

可对比性：系统能够对同时段多种指标、单指标长时段、不同监测点位某指标进行方便的比较。

8.1.4.2 告警

"智慧用电"系统应该具有告警功能，但不应使告警频度超出一线工作人员处置能力。传统"电气火灾监控系统"在实践中最主要的问题，就是报警过多、过频繁，远远超过一线工作人员处置能力，最终普遍被闲置弃用。好的"智慧用电"系统应就"告警"进行分级和归纳，避免对同一问题进行频繁反复告警，使用户可手动降低部分报警类别的告警强度，尽量减少一线工作人员的工作负担。

8.1.4.3 智能诊断

"智慧用电"系统应该具有智能诊断功能，智能诊断不是"用电器种类识别"②，而是"隐患识别"，即用人工智能方法识别出线路的各种安全隐患，并用通俗易懂的方式将隐患的种类告知一线工作人员③，甚至进一步提供隐患的位置、程度变化及推荐处置方法，指导排查整改工作。相对而言，"用电器种类识别"是容易做到的，而"隐患识别"更难做到；但在以安全防控为目的的用电监测过程中，只有隐患识别是真正有现实意义的。

8.1.4.4 无线通信

无线通信相对于有线通信的优点主要是免施工布线④，降低了建设成本；缺点则主要集中在通信稳定性方面。但随着5G为代表的无线通信技术不断发展，以无线组网构建物联网监控系统是趋势所向，因此，"智慧用电"系统应具备无线通信组网能力，且应注重无线通信的稳定性和可靠性。

8.1.4.5 远程控制

远程控制实际上指"开关控制"，即远程控制用电线路的分闸与合闸。远

---

① 例如，观察监测数据是否具有以7天为周期的显著规律性，对于排除办公设备隐患有重要的参考意义。

② 也称非侵入式负载识别、负荷识别，或用电设备识别。

③ 比如，是"线接错了"还是"绝缘破损"，或者是"某一天19点30分启动的800瓦用电设备有漏电故障"。

④ 这进行比较的"有线通信"不包括电力线载波通信，载波通信存在跨台区难、稳定性随线路负荷增加而衰减等固有缺陷，在业务实践中应用不广。

程控制有两种方式,即远程手动控制和远程自动控制。远程手动控制指用户可以在需要时远程手动进行分闸和合闸操作,远程自动控制指用户可以设置某些操作策略交由系统自动执行。

"智慧用电"系统在远程控制方面有两种不同的做法:一种以"智能断路器"为主要产品形态,以可以实现远程分合闸、能设置自动控制策略为主要方向,优点是可以帮助管理人员更灵活的控制用电线路,缺点是智能断路器可靠性不及传统断路器,远程合闸时有不可控风险,以及远程分合闸操作的责任归属问题有待厘清[①];另一种以监测预警、解决早期安全隐患为主要方向,以避免出现需要紧急分断的情况为目标,不设置远程控制功能,或只设置远程分闸功能不设置远程合闸功能。

8.2 电气火灾监控技术发展现状、问题及展望

8.2.1 现状

简单对国标进行响应的传统电气火灾监控产品仍在大量销售。因为 GB 50016、GB 51348 等建筑设计相关的国家标准中仍然直接引用 GB 14287《电气火灾监控系统》进行强制性要求,而 GB 14287《电气火灾监控系统》自 2014 年改版后已 8 年未做更新,传统电气火灾监控产品尽管实用性收到广泛质疑,但仍然可以满足现行国家标准体系的基本要求,很多建设单位没有意愿和能力在这个方面投入资源进行提升改造,而传统电气火灾监控产品在成本控制方面已经非常内卷,相对于各种创新产品具有价格优势,所以当下有大量电气火灾监控技术需求仍然由传统电气火灾监控产品满足。

物联网化的"剩余电流式 + 测温式"电气火灾监控探测器已成为主流产品。虽然不能解决导致传统电气火灾监控系统误报率高的顽疾,但顺应智慧政务、智慧云平台等智慧化建设浪潮,物联网化的电气火灾监控探测器已经非常普遍,业内主要厂家均已自研了电气火灾监控探测器,部分厂家为将其与传统电气火灾监控探测器相区分,将其称为"智慧用电"设备,已经产生了较大

---

① 主要指远程分合闸造成财产甚至生命损失时,管理单位、操作者、设备厂家、受损单位或个人分别承担何种责任,以及责任承担比例方面,尚无法律实践予以厘清或提供参考。

的影响力。

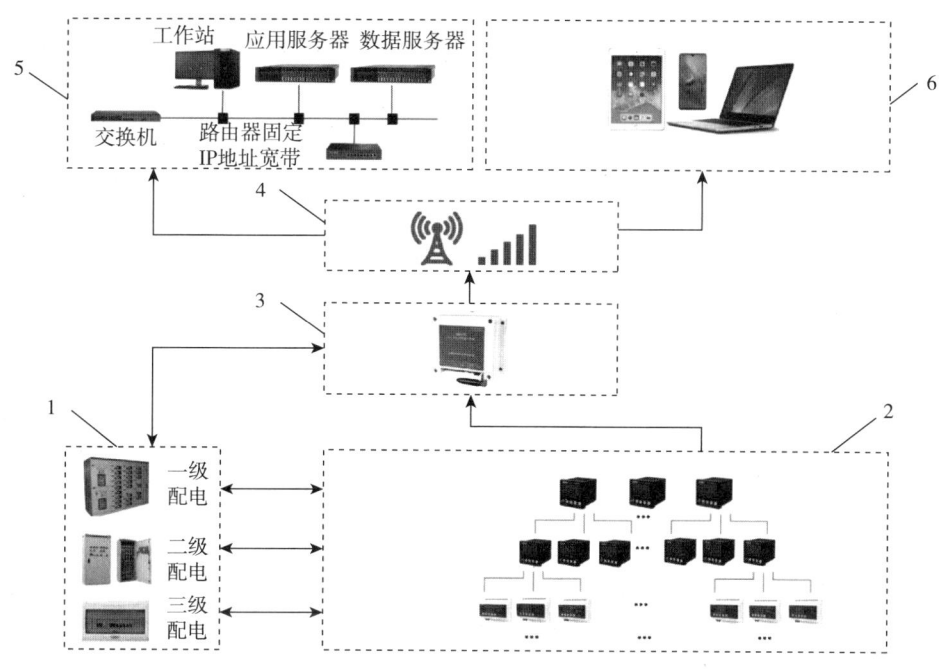

1—配电箱/柜；2—监测终端；3—通讯终端；4—通信网络；5—云端服务器；6—显示终端

图 8-2 典型物联网化的电气火灾监控系统架构示意图

物联网化的微型断路器成为"智慧用电"领域的新产品形态，在此前就已经出现的数字式智能断路器（带有数据采集和显示功能，但需要本地通信读取）基础上，进一步诞生了物联网化、无线通信的微型断路器产品，在提供远程控制功能的同时，可以同步监测剩余电流、温度等传统电气火灾监控设备所监测的参数，因此对智慧用电产品和传统电气火灾监控产品都构成了冲击。

物联网化的智能插座产品开始随着家电智能化水平的不断提升快速衰落，逐渐退出市场竞争主流。智能插座产品是 2012—2013 年为了在家电智能化水平不足时，通过插座智能化撬动家居智能化的技术路线，随着家电智能化水平近年来的不断提升，家电自身即可组网完成大量智能化功能，社会对智能插座产品的需求逐步萎缩，但最终电气火灾监控技术是否包含智能插座产品，仍然需要市场的进一步检验。

8.2.2 问题

不管电气火灾监控技术落实在何种产品形态，现阶段应用过程中都普遍存在一些问题，其中最核心的问题在于报警数量和误报率双高，很多情况下远远超出一线工作人员的处置能力极限，导致系统本身的实用性受到很多质疑。

首先，客观存在的误报问题。这一问题主要由谐波和容感性干扰导致，引入专门的滤波设计可以在很大程度上解决这一问题。

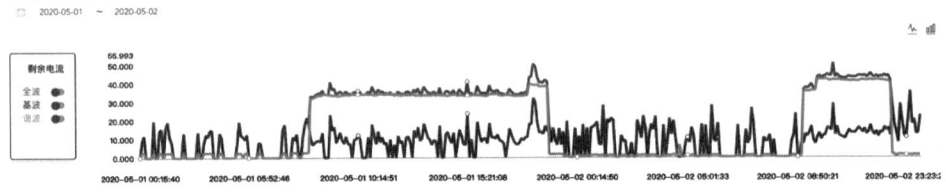

图 8 - 3　谐波及容感性干扰导致误报示意图（假设报价阈值为 30mA）

其次，"主观误报"问题。这一问题的实质是系统智能化程度不足，不具备准确的溯因、定位、程度衡量能力，无法对报警给出排查整改建议，导致用户无法就隐患程度和整改难度做出关于排查整改的决策，最终选择放弃排查整改，并主观将报警定义为误报。这一问题的解决需要引入人工智能技术，提升系统的智能化水平，并在长期实践中逐渐迭代技术、优化算法。

最后，报警过多问题。这一问题的实质是国家标准体系与一线工作实践的脱节，电气火灾一旦发生损失是不可预计的，电气火灾监控设备厂家为了规避风险，实践中只能固守国家标准要求；而现行国家标准体系对电气火灾监控的报警要求是一旦超过设置的阈值就必须报警，这导致了严格遵守国标的电气火灾监控产品势必存在对同一线路、同一隐患频繁报警的问题，这在非物联网化的本地消防监控系统运行时暴露的并不明显，但在物联网化的大规模智慧消防系统中，整个区域的报警总数动辄以百万计，明显超出人力管控的极限，根本上讲这是物联网技术尚未完全融入国家标准体系的表现，要彻底解决只能期待下一轮国标修订时将物联网技术的特点充分纳入考量。

8.2.3 展望

目前，电气火灾监控技术产品的竞争优势正在从单纯的技术优势转向

"技术+服务"的综合优势。用户单位的用电管理需求高度复杂、细分，单一技术产品已经越来越不能够满足市场的实际需要，事实上大量的公司在经营中都已经开始承担某种设计院的职责，即根据用户单位提出的用电管理需求和现场考察情况，综合给出项目方案和配套的产品选型建议；而在销售完成后，用户单位往往要求厂家提供持续性的数据分析、远程诊断甚至辅助现场整改等服务。以上这些用户需求，开始倒逼电气火灾监控技术厂家从纯粹提供产品，转向提供售前方案设计、商务、安装调试、安装完成后组织存量隐患整改、组织用户单位一线人员进行系统使用培训、持续性的隐患分析与诊断的全流程整套服务，而这种转变也将促使行业企业走向分化，在不同场景将诞生不同的优势企业。

成熟的人工智能技术方案将不断被引入电气火灾监控技术领域。由于上述服务需求中对于数据分析诊断的需求与不断膨胀的监测数据之间的矛盾，用人工来提供此类服务很快会变成无法完成的任务，远程诊断算法势必成为电气火灾监控技术产品以后的竞争重点之一。

电气火灾监控技术产品将与其他监测产品融入统一的综合监控平台。随着用户需求的不断深入挖掘，单一的监测维度将越来越难以满足用户需求，视频监测、环境参数监测、电参数监测、给排水监测、燃气监测等现在分门别类的监测产品领域将被越来越多地打通，项目将越来越多地走向综合监测平台建设。

8.3 电气火灾监控技术在各场景的应用推广现状

目前，电气火灾监控系统改造类项目在社区、园区、工厂、医院、学校、文博单位、银行、养老院、九小场所、加油站、机场、车站、酒店、图书馆、一类交通隧道工程、建筑工地、歌舞娱乐场所均有推进，但相关项目的建设在较大程度上依赖政府、国企、事业单位，多用政府财政资金或专项债完成项目，项目设计立项阶段通常统称为"智慧化"建设项目。因此，电气火灾监控技术的应用过程，实质上就是我国社会"智慧化"建设的推广过程。

8.3.1 智慧化的定义辨析

"智慧化（smartization）"和"智能化"这两个概念看似含义相近，其实有着完全不同的源流。"智能化"一词相较"智慧化"出现得更早，在中国知网的论文检索中甚至可以查询到1978年的结果，最早在题目中使用"智能化"一词的是1980年发表的一篇关于电话机与程控交换机的论文；随后1982年开始有多媒体（显示屏）和医疗仪器行业的论文开始在题目中使用"智能化"，1983年仪器仪表（电压表）和工程设计领域的论文题目也开始使用"智能化"；接下来是1984年的电动机、1985年的家用电器。1986年，"智能化"一词的使用对象开始从设备整体下沉到组件模块甚至元器件，1987年，"智能化"的使用首次被拓展到"系统"，最终1992年发表在《建筑学报》的论文《智能建筑系统集成技术》第一次把"智能化"和"建筑"连接在了一起，"智能化"开始走向"建筑智能化"和"智能建筑"的最终阶段。

综合以上信息我们可以这样总结：中国社会从20世纪80年代初开始，从电话程控交换机到仪器仪表再到电机电器，开始出现一个生产生活工具逐步"智能化"的技术浪潮，这一浪潮逐步从单体设备拓展到元器件、系统和建筑整体，最终经过三四十年的技术和产业发展，这个"智能化"浪潮中沉淀下来的技术和标准体系[①]等产业化成果构成了今天建筑工程行业内俗称"弱电系统"的产业领域。

相对的，"智慧化"概念的源流与"智能化"完全不同，其发端是2009年前后"智慧城市"[②]概念正式被引入中国，相关论文数量飞速增长，趋势如下图所示。

事实上，与"智慧化"有相似意涵的概念并不止"智能化"一个，回顾历史，中文里其实产生过一系列用于描述"融入当下前沿技术的生产建设实践"的概念，按时间先后顺序依次是机械化（主要对应工业革命和蒸汽机、机械制造技术）、电气化（主要对应电力革命和电能、电动机技术）、自动化

---

① 以GB 50314《智能建筑设计标准》和GB 50016、GB 50116、GB 51348等建筑设计强制性国家标准为代表。

② "智慧城市"最初源自IBM公司在2008年提出的"智慧地球"，虽然其第一次在论文题目中出现是在1997年《工程设计CAD及自动化》杂志的两篇介绍建筑设计最新发展情况的文章中，但这一次的使用更像是编辑个人的一次偶然的修辞选择而非业内共识，因为此后直到2009年前后中国智慧城市建设浪潮开始时，只有1~2篇论文在题目中偶然使用了"智慧化"这一概念，而2010—2012年短短两三年，以"管道智慧化""工业园智慧化""乡村智慧化""交通智慧化""校园智慧化""医院智慧化""工厂智慧化""图书馆智慧化""社区管理智慧化"等为题的论文纷纷出现，几乎所有今天常见的智慧化建设场景在当时都有论文发表提及。

8 电气火灾监控技术在风险减量管理的应用与保险实践

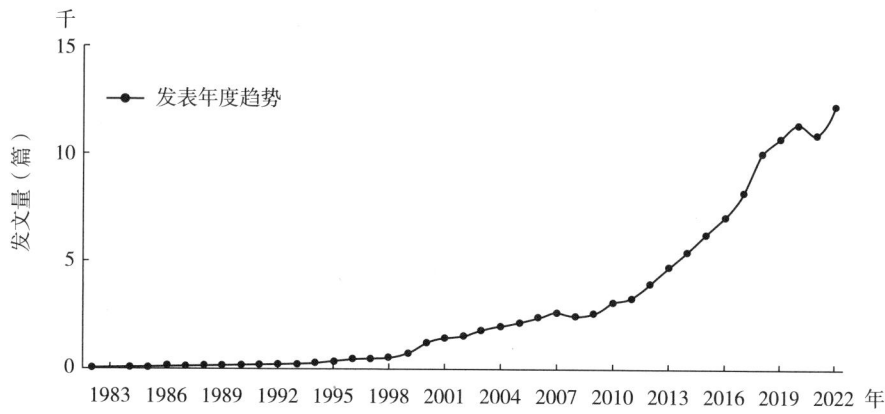

图 8-4　"智能化"作为题目的论文数

（数据来源：中国知网）

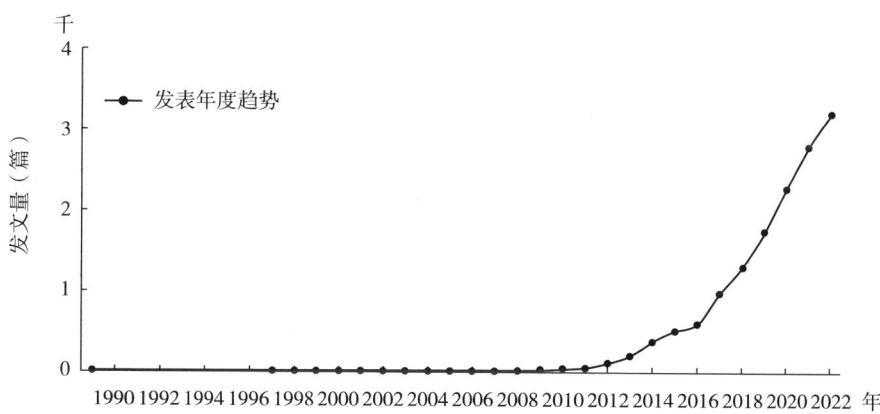

图 8-5　"智慧化"作为题目的论文数

（数据来源：中国知网）

（主要对应自动控制技术）、信息化（主要对应计算机技术）、数字化（主要对应传感和模数转换技术）、智能化（主要对应人工智能、物联网、大数据、移动互联网和云计算技术）和智慧化（主要对应深度学习和边缘计算技术）。

这些概念意涵中所对应的技术领域是相继但重叠的，越晚近的概念之间重叠的部分越大，这是因为随着技术发展，产业成熟的速度越来越快，新兴行业中的新生企业发展为行业巨头所需要的时间越来越短，所以"新一代"技术创新产品越来越需要在市场竞争中使用完全不同的新名称，以便与处于更成熟

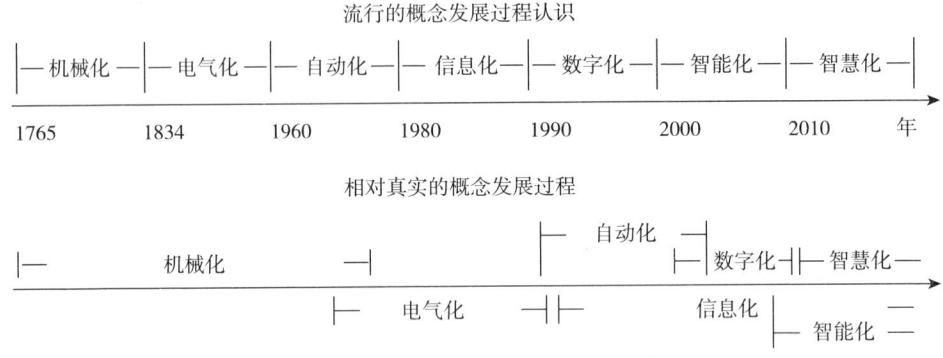

图8-6 "智慧化"相关概念的发展过程

发展阶段的"上一代"产品厂家进行差异化竞争。因此,与其说"智慧化"是一个有着独立定义的全新技术概念,不如说与机械化、电气化、自动化、信息化、数字化、智能化等概念类似,"智慧化"只是一组具有"融入了当下前沿技术的生产建设实践"概念意涵的中文词汇中最新的一个。

8.3.2 智慧化建设的轮动发展

在真实的智慧化建设过程中,信息化、智能化时期原有建设成果的领域,发展反而慢于智慧化建设时期开始建设的新领域,具体表现有二:一是信息化、智能化时期各部门独立建设的子系统、小平台在智慧化时期成为"信息孤岛",数据中心、城市大脑类按一网统管要求建设的城市级"中枢"云平台

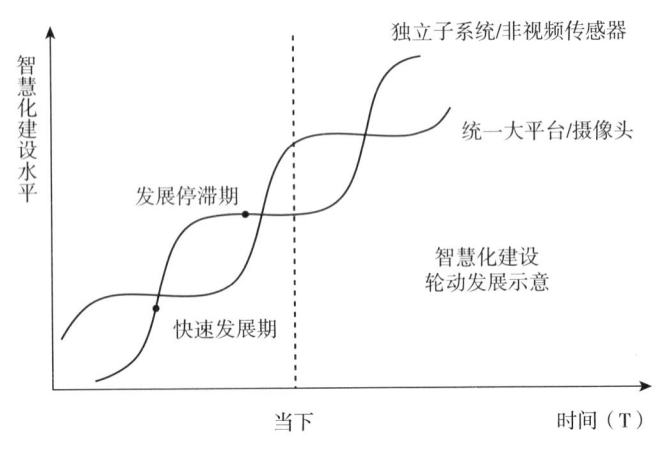

图8-7 "智慧化"的轮动发展

及其基础设施和智慧政务、智慧教育、在线培训类纯软件系统建设速度更快；二是信息化、智能化时期非视频监测设备，如水、电、气、温湿度、震动等各种表计和机电设备附带的状态监测传感器的功能智慧化和通信无线化升级进展缓慢，远不如视频监测领域各种新型智慧摄像头建设速度快。

但随着智慧化建设进一步深入，信息化、智能化时期原有建设成果领域的智慧化建设越来越成为更迫切的建设热点：为打破信息孤岛状态开展的数据互联互通工程中开始引入自然语言理解或定制化的深度学习人工智能技术，非视频监测领域新一代的监控终端也开始更多引入压缩感知等大数据技术和联邦学习等数据挖掘算法，这些新技术、新产品的开发和应用又会使特色功能子系统、非视频监测成为下一轮建设浪潮中发展更快的领域，这样的发展模式可称之为"轮动发展"。

8.3.3 以"智慧化"为名的电气火灾监控技术应用相关概念

8.3.3.1 智慧+功能

智慧用电：指一套让用电过程智能化的工具和方法，由智能化的监控物联网系统和基于该系统的社会管理方法构成，其目的是对用电过程进行能耗监管和安全防控。

智慧水务：通过信息化技术与城区水务管理的深度融合，建立覆盖水安全、水资源、水环境等领域的透彻感知网络，可实现对水务基础设施的全方位自动化控制和感知，为水环境治理和水安全加强提供及时动态的基础。

智慧城管：通过全面透彻的感知、宽带泛在的互联、智能融合的应用实现以人为本的可持续创新，突出"互联网＋"背景下的城市管理智能化、人本化服务转型。

智慧应急管理：针对自然灾害、事故灾难、公共卫生事件和社会安全事件，统筹应急力量建设和物资储备在救灾时统一调度，以智慧化应急指挥中心为依托，智能预测预警应急管理事件，统筹协调安全生产类、自然灾害类应急救援工作。满足城市应急管理平战结合、快速响应、统筹协调、联防联控、群防群控、灾后重建等场景下的事件预警监控、信息互通发布、资源协调调度、跨部门指挥控制等需求。

智慧环境监测：基于物联网技术优势，实现无人机、视频监控、环境感知器件等多种环境监测治理手段的全网联动。

8.3.3.2　智慧+场景

智慧医院：是物联网技术在医院这个特定场所应用的集中体现，它是以物联网技术为基础，以各种应用服务为载体而构建的集诊疗、管理和决策于一体的新型医院。从本质上讲，智慧医院也可以说就是医院物联网。

智慧校园：旨在提高校园信息服务和应用的质量和水平，建立开放、创新、协作和智能的综合信息服务平台，教师、学生和管理者通过该平台进行互动、共享和协作，实现校园资源的高效利用。

智慧博物馆：一种新的博物馆高级形态，具有主体的人本性、资源的整合性和数据的再生产性等基本特征。与数字博物馆相比，智慧博物馆的"智慧化"主要体现在数据来源的多样性、数据传输的多向性和数据交换的普遍性上。

智慧社区：以物联网、云计算、移动互联网等新一代信息技术为手段，在政府、相关产业和居民互联与协作的基础上，通过社区规划、管理、服务等环节的智能化，形成高效、可持续、具有较强内聚力的社区，其核心是通过创新的手段提高居民的生活质量。

智慧园区：充分运用新一代通信技术、人工智能、云计算、大数据等信息技术手段，实现全面感知、传递、整合园区各个环节并分析人、物、企业、园区管理功能系统之间的各项关键信息，从而对园区管理、产业生产、节能环保、公共安全、政府服务、商贸流通等多种园区需求做出智能响应，构建园区发展智慧化，形成安全、便捷、高效、绿色的园区发展形态。

智慧工地：以安全为目标，通过对物联网、互联网、AR、大数据分析以及云计算等相结合，构筑具有电脑终端和手机端的云平台管理系统，通过协调联动人员操作管理、网络教育、视屏教程进行检测管理教育一体化，进行深坑基检测、无线巡更、扬尘噪声检测等实现对于人、物、环境各方面检测保证其处于安全、不超出排放标准的状态。

8.3.3.3　智慧+产业

智慧文旅：在智慧技术的发展和应用趋势下旅游和技术的深度融合的旅游业新业态。

智慧农业：以信息和知识为核心要素，通过将互联网、物联网、大数据、云计算、人工智能等现代信息技术与农业深度融合，实现农业信息感知、定量决策、智能控制、精准投入、个性化服务的全新的农业生产方式，是农业信息化发展从数字化到网络化再到智能化的高级阶段。

智慧物流：以物流物联网和物流大数据为依托，通过协同共享创新模式与人工智能先进技术，重塑产业分工，再造产业结构，转变产业发展方式的新生态。

智慧消防：通过开展对测量科学的研究，使建筑、设备、个人保护装备及机器人中的信息物理系统（CPS）得以融合，达到提升态势感知、操作效能及消防员个人安全的目的。主要任务包括智慧建筑技术研究、智能消防员装备与机器人研究、智能灭火设备研究。

智慧能源：以物理清洁能源为目标，以智能电网为基础，将现代信息技术与清洁能源集成而形成的新型能源网。

8.3.3.4 小结

目前来看，中国社会的公共管理、企业管理均处于高速智慧化的浪潮中，云平台建设完成后，各类监测传感器的接入既是科学管理的内在需求，也是全面掌握社会、企业运行状态的责任要求。因此，电气火灾监控技术预计在未来还会以更快的速度迅速占领更多的应用场景、产业，最终成为我国社会新时代基础设施建设不可或缺的一个组成部分。

8.4 电气火灾监控技术在保险风险减量管理应用的可行性

自保险业诞生以来，其为社会"分担风险"的功能早已深入人心并成为共识，但通过保险主动"管控风险""化解风险"，这样的社会功能认知对社会大众来说还不够充分。具体到火灾保险来说，根据国家消防总局的相关数据，近10年来，全社会所有火灾中的约30%是电气火灾，重特大火灾中的50%以上是电气火灾，电气火灾造成的财产损失占到所有火灾损失的70%以上，造成的伤亡人数占所有火灾伤亡人数的近90%。可以说，管控和化解电气火灾风险，是火灾保险风险减量管理的核心重点。

要管控和化解电气火灾风险，首先要准确监测并度量真实电气火灾风险程度，电气火灾不同于其他火灾，其具有隐蔽性和突发性的特征。具体而言，依赖目视、嗅闻、触摸的方法无法发现或度量电气火灾隐患，必须依赖专用的技术仪器；依赖人工巡检的工作模式也很难有效管控电气火灾隐患，必须借助常设的自动化监测设备。

电气火灾监控技术发展早期，受限于前文中提及的多种问题，其并未被保险行业纳入风险减量管理时的技术选型视野；但随着物联网、人工智能技术的不断融入、发展和成熟，以及产品价格的不断下降，以"智慧用电"为代表的新一代电气火灾监控技术必然越来越接近保险行业火灾保险风险减量管理工作的技术选型要求。

总之，水火无情，火灾自古就是社会治理工作的重点和难点，产业和技术发展前沿的成果不断被应用到火灾治理工作中来，是人类社会发展的必由之路。风险减量管理是保险行业发展的前沿模式，电气火灾监控技术是"智慧化"建设的最新成果，因此，将电气火灾监控技术应用到保险风险减量管理中是可行的，也是必要的。

8.5 电气火灾监控技术在保险风险减量管理的应用探索

苏州某电子厂在投保火灾保险时，经保代推荐，在生产区域覆盖安装了电气火灾监控系统，该系统提供以下功能：

基本电气参数监测：电压电流、电能质量参数组、能耗参数组；

漏电监测：剩余电流（零序电流）、绝缘阻抗；

过载监测：负载电流、线路温度；

电弧监测：负载电流谐波分量、电流电压瞬时变化率；

防漏电误报：剩余电流基波谐波分量分解、开关负载切换瞬间消峰；

安全评估：综合漏电、过载、电弧三方面监测数据评估回路电气安全。

其中，安全评估功能的具体做法是，抛弃传统的阈值比较技术思路[①]，转而采用共时性偏差分析的技术思路，即对同一项目所有监测点每段时间的监测

---

① 因为阈值比较会进一步增加报警数量，使该系统报警数过多，超过一线真实处置能力的情况进一步加重。

结果进行排序,对相对电气安全隐患风险大的线路标红、橙、黄色进行提示,用户可根据一线人员实际工作力量设置标红、橙、黄色的线路数量,使系统预警电气安全隐患的能力与一线人员实际工作力量精准匹配。

  在为期一年的监测实践中,该系统及早发现、精准定位并辅助排查整改消除电气安全隐患近百处,其中早期发现的存量隐患多为接线问题、劣质用电器违规接入问题,后期发现的增量隐患多为线路老化、接触不良、设备内部绝缘性能下降等问题,该厂电气安全状况始终处于高度可控状态,因突发电气安全事故导致计划外停工停产的天数为零。在收到以上电气火灾监控系统监测报告的基础上,保险公司适当减免了该企业下一年度火灾保险的费用金额,可以认为,该系统的成功应用,为企业、社会、保险公司三方均创造了可观的效益,对风险减量管理工作起到了很好的促进作用。

9 展望与建议

保险公司应把新技术的融合创新与跨界应用作为重要工具,通过前置专业风险管理,不仅做好险后补偿,而且做好险中响应和险前预警。从风险等量管理到风险减量管理转变,提供防赔并重的风险管理,做专业的风险减量管理者。

9.1 转变理念,创新风险减量管理模式

保险公司应切实转变风险管理理念,从公司战略层面出发,推进风险减量管理,并将之融入产品、盈利、风险管理和经营模式变革。

9.1.1 从依靠"产品盈利"转向依靠"服务盈利"

保险的风险减量管理是一种新的管理理念和商业模式,以大量客户潜在的风险规避防范需求为基础,有巨大的市场潜力。保险公司可以借鉴互联网思维,建立先"风险减量"免费、后"保险"付费的商业模式。在这种模式下,其实保险公司已转变了角色,先成为用户的风险解决服务商。根据用户企业和个人的实际情况,提供风险解决方案,如果需要就提供保险这种手段,如果不需要就不进行保险推销。比如,保险公司可以对企业先提供免费的技术外包,对企业价值高的仪器、机械、生产线、厂房等进行全面技术服务,提出风险隐患消除建议,提供相应的防灾防损措施和工具、软件等,对于适合通过保险转移的风险点,建议购买"机器损坏险"等产品。保险公司也可以对企业先提供免费的管理外包,凭借大量赔案中总结的风险管理经验,帮助企业进行人员培训和管理流程优化,开展风险识别和评估,揭示企业的管理风险、财务风险和人员操作风险,进而建议"人身意外险""雇主责任险""营业中断险"等保险解决方案。

这种保险的风险减量管理商业模式创新，将变客户的被动推销接受为主动保险需求，把"要我买保险"变为"我要买保险"。同时，实现了"用户"培养向"客户"价值贡献转变，建立起新的保险商业盈利模式。

9.1.2 从提供"保险产品"转向提供"一揽子风险解决方案"

随着以风险减量管理为切入的保险服务拓展和延伸，尤其是当保险公司成为客户的全面风险管理伙伴时，有些专营性保险公司的核心业务可能发生转移，保险不再是主要的收入来源，而防灾防损等专业性技术咨询服务变成企业主要收入来源。那时，传统上"保险+减灾"的业务模式将变成"减灾+保险"。更大胆的设想，保险可能就变成风险管理服务的"附赠产品"或"增值服务"。那时，保险业的业务模式不是局限于提供保险产品，而是针对客户风险特点提供相应的保险产品及风险管理服务。

当然，商业的设想变成现实并非一蹴而就。但是，以物联网、5G、大数据等为代表的科学技术迅猛发展，广阔的市场需求潜力，都为实现这一切提供了可能。一方面是技术驱动。技术使交易成本、沟通成本等大幅下降，极大地缩短了时空距离，互通互联的效率实现质的飞跃，商业应用的经济效益和社会效益十分明显。另一方面是需求驱动。正如上文分析，客户很多时候真正的需求不是经济补偿，而是有效的风险管理。这部分巨大的市场需求将召唤出层出不穷的商业模式创新和变革。尤其是当前车险费率市场化改革下，风险减量管理服务可以成为保险公司的核心竞争力。随着保险业市场化进程，企业间的竞争比拼的将不仅仅是产品，更多的是服务。对于个体来说，当其风险概率足够低时，为其定制的保险价格本身可能会变得很低，甚至低于风险管理的成本，从而使保险成为风险管理服务的附赠产品。

未来，保险业可以与政府、企业和个人客户合作，运用现代科技，引领推广风险减量管理思维，提供"防""赔"并重的风险管理一揽子解决方案，在对被保险人做出经济补偿前，主动提前管理好损害风险，让社会更安全、人民更安心。

9.1.3 从"碎片化的服务"转向"全生命周期的服务"

随着科技的不断发展，万物互联，大量风险都可被实时监测。保险业在风险管理中可以更主动作为，保险风险管理涉及的领域将不断扩大与延伸。保险公司可探索利用城市中的各类传感器，服务城市风险管理，尤其是服务于当今城市内涝突出问题；保险公司借助物联网可以帮助城市社区开展火灾防范和处置，增强保险与社会的合作和联动；保险公司可以应用物联网等科技手段，为企业提供风险解决方案，将保险服务前置化；保险公司可以利用智能家居技术，开展家庭风险管理服务；保险公司与环保部门可以开展基于物联网技术的深度合作，借助物联网技术帮助环保部门开展环境监督和治理；保险公司可借助物联网开展远程医疗和远程咨询，从提供传统风险保障扩展至健康管理；保险公司借助卫星遥感技术可开展农业风险管理探索。

未来，保险公司会逐步从针对不同环节开展碎片化的防灾防损服务，逐步过渡为贯穿于承保前的风险评估、承保中的条件拟定、承保后的防灾检查、出险时的积极施救、查勘定损时的部门联动和结案后的防灾效果评估等各个环节的保单全过程，为客户提供全寿命周期风险管理的服务。

9.1.4 从"价格经营"转变为"价值经营"

当前和未来很长一段时间，我国保险业处于转方式、调结构的时期，如何实现由粗放式增长向内涵式增长转变，是一个关键性难题。以风险减量管理为切入点的经营模式创新，将推动保险业实现转型，由价格竞争进入价值经营时代。

在风险减量管理理念的推动下，通过科技与制度创新，将使保险成为社会的全面风险管理者。保险业未来的业务模式不仅仅局限于卖保险，还包括减灾技术和服务的提供，以及风险教育、培训、救援和安全制度建立，等等。其全面风险管理服务将渗透于社会经济各领域，产业链不断延伸。保险业将不断影响着社会生产方式和居民生活方式，在国家防灾减灾体系中发挥不可替代的作用，成为集"风险分担"和"风险减量"于一体的新的功能格局。

9.2 多方协同，构建风险减量管理闭环

9.2.1 建立保险公司风险减量管理内循环

风险减量管理应贯穿于客户服务全生命周期，需要总分协同，产品线、经

营单位和理赔条线共同努力,将风险减量管理工作贯穿于承保前、承保后、出险后的业务全流程,形成风险减量管理闭环。

承保前,基于气象水文长期预报和灾害风险等信息,并结合理赔出险记录等分析结果,评估和提示承保风险等级,开展保前风险管控,支持承保定价,为客户提供风险解决方案,并视情况及时调整高风险和高亏损业务。承保管理上,一是要进一步优化分险种承保实务,从评估客户风险、风险问询、承保验标、投保、核保、承保出单、送单、单证管理等方面严格承保实务流程;二是在承保业务系统中应建立和完善负价值客户管控规则,合理设置负价值客户核保权限,刚性管控负价值客户;三是对承保告知、送单环节严格审核,防止保单要素不齐全给公司带来诉讼风险。

承保后,结合保前风险评估和风险解决方案,为客户提供防灾防损服务。产品线、经营单位和理赔部全体动员,在灾前提前做好灾前风险普查,在灾害来临时做好预报预警和重点风险排查工作,识别客户风险点,留存记录、照片和视频,出具风险建议书,督促和协助客户整改,降低出险可能。同时,建立客户防灾防损档案,全程追踪客户整改和风险变化情况,服务于理赔及下一次承保。

出险后,建立大灾回溯和问责机制,通过参与灾中救援和理赔查勘,了解和分析出险原因,从日常备灾和风险普查、临灾预警和风险排查、灾中应急和理赔查勘等环节,全面梳理总结业务结构、预报预警、风险排查、整改落实、人员调度、物资安排等方面的经验和不足,评估防灾防损措施落实情况与成效,对相关责任进行奖励和问责。同时,将发现的风险点反馈到承保端,为承保风控提供支持,形成风险管理闭环。

9.2.2 融入国家风险减量管理外循环

2016年7月28日,习近平总书记在河北唐山市考察时强调:"要坚持以防为主、防抗救相结合,坚持常态减灾和非常态救灾相统一,努力实现从注重灾后救助向注重灾前预防转变,从应对单一灾种向综合减灾转变,从减少灾害损失向减轻灾害风险转变,全面提升全社会抵御自然灾害的综合防范能力。"党和政府对于防灾减灾工作越来越重视,积极推进风险减量管理。保险公司应当积极与相关政府部门对接,融入国家应急管理体系,在助力国家防灾减灾救灾的同时，减轻客户和公司损失，实现多方共赢。

9.2.2.1 深入参与政府防汛防台各项工作

保险公司应当积极沟通参与政府防汛防台应急演练，深入了解政府防灾救灾工作流程，查找为客户减少损失的举措，增强配合政府实战应对各类灾害的能力。

灾害发生前，加强与当地防汛指挥部、气象、水文、地质、农业、林业、海洋等政府部门相关机构的沟通联系，密切关注发布的各类灾害预警信息，掌握所辖区域主要的实时和预报降水和水文信息、台风影响路径等信息，对受灾害影响可能较大的区域及时发布相应级别的灾害预警。

灾害发生时，积极参与配合政府部门主导的防汛防台、水库排查、泄洪联动、安全生产等监督管理工作，尤其对于民生类的保险项目和各类政策性险种要特别关注，应配合政府部门实施应急响应预案中的各类举措。灾害临近时，积极配合政府部门做好施工单位和重点企业紧急停工、学校停课、船舶避险等工作。

灾害发生后，通过对极端事件的分析和总结，及时发现防洪排涝能力和设防水平的不足，建议有关部门在灾后加强薄弱地区的工程建设，提升防灾水平。

9.2.2.2 依托新技术开展城市水淹事件预警及响应

城市内涝风险物联管理平台利用安装在低洼地点的水浸物联终端设备，收集水浸信息。当水淹事件触发终端设备设定阈值时，平台将水淹事件发生通知责任人员，便于其及时处理应对。目前，地方政府水务管理部门、保险公司和企业均布设了一定的水浸物联终端设备。建议政府部门牵头推进数据共享、平台建设和联动合作，充分发挥商业保险机构在城市内涝预防及灾后处置中的作用。

9.2.2.3 不断完善和推广地震巨灾保险制度

近年来，在政府号召和大力支持下，我国地震巨灾保险制度不断突破，取得了长足进步。截至2020年底，住宅地震共同体累计为全国1280万户居民提供了5250亿元的巨灾风险保障，在平滑财政、快速施救等方面成效显著。2021年5月21日，云南大理州漾濞县地震触发大理政策性农房地震保险赔付条件，5月22日，大理州应急管理局收到4000万元地震巨灾理赔款，为抗震救灾和灾后重建提供了有利支撑。为进一步发挥地震巨灾保险制度优势，建议在"政府主导，市场运作"的基础上，加大产品创新，探索巨灾债券、借力资本市场，并结合当地实际情况，不断提高保障标准、提升覆盖人群和扩充责任范围。

9.3 群策群力，开发风险减量管理产品

随着人民生活水平的不断提高，政府治理能力不断增强，企业和个人对预防灾害发生或降低损失程度的期盼愈加迫切，保险中增加风险减量管理相关服务的需求与日俱增。同时，面对新冠肺炎疫情和外部环境的诸多不确定性因素的影响，面对市场竞争日趋激烈、保险产品同质化严重、承保利润下降的不利形势，开发风险减量管理产品就显得更为重要。

在产品设计、定价和承保约束环节，要将风险减量管理工作纳入考量范围，不断推出具有吸引力、竞争力的产品和服务，并做好产品中约定的相关服务的落实工作。例如，堤防保险能够在自然灾害造成江海堤防损坏或灭失时，对水利系统及乡镇政府进行赔付。近年堤防保险的开展过程中，各地政府越发重视堤防的防灾防损工作，"防重于赔"的理念不断深化。洞察市场需求后，人保财险福建分公司开始探索堤防"三查机制"，即开展汛前巡查、灾前巡查和定期巡查，并在保险合同中明确了巡查要求和惩奖举措，受到了水利部门的肯定。此外，分公司还参与堤防保险防灾防损基金的建立，费用将用于安全隐患的排除、防灾防损支出、开发堤防风险管理系统、其他费用支出等。同时，要注意加强与监管部门的沟通，产品的设计特别是服务产品化要符合监管要求。

9.4 科技赋能，提升风险减量管理效能

空间信息技术、大数据、物联网、人工智能、云计算等新技术的发展，正在颠覆传统的商业模式和行为模式，为行业的创新提供了无限的想象力。保险公司应该加强科技赋能，探索"保险＋科技"的服务模式，以科技的力量延展服务客户的广度、深度和温度。

一是要强化新技术融合创新。利用物联网、人工智能、5G、大数据、区块链等新技术，探索"保险＋科技"的服务模式，更好地支持风险减量管理

创新变革。

在车联网方面,利用车联网技术,实时监测驾驶人员的驾驶状态、计算驾驶员的驾驶模式,及时提醒驾驶员危险驾驶行为,防止车祸事故发生,降低公司赔付,特别是公司赔付率较高的运营货车更应加强事故防范;探索基于里程和驾驶行为的精准定价和产品创新,进而促使驾驶员改善驾驶行为。

在水灾和火灾物联监测预警方面,在现有应用基础上,总结经验,探索引入更多的水灾和火灾物联监测设备(如水淹监测、剩余电流监测、人脸识别、火焰早期识别、烟感、手势识别等),创新更多的应用和服务场景。一旦超过阈值或发生事故,即向客户和公司发送预警信息,公司责任人应第一时间协助客户进行应急处置,防患于未然。

在"天空地"一体化新模式方面,在已有应用的基础上,进一步引入三维倾斜摄影和实时回传技术,为在承保风险管控、防灾防损、理赔等各环节开展风险减量管理提供更多视角、更具时效性的数据和技术支持。

在 InSAR 技术方面,进一步拓宽应用范围,特别是地铁、桥梁等重大工程的招标、防灾防损和理赔精算确定责定损等方面。

在平台支持方面,推进各类风险减量管理相关的系统建设,推进风险减量管理向数字化迈进。

二是要加强全局性统筹和推广。做好科技创新的顶层设计,探索完善从研发、试点到推广的科技创新机制,激发公司员工的创新活力。

科技能力的提升不是一蹴而就的,需要持续的投入和长期的坚持。虽然从短期来看,开展技术研发可能增加成本,但从长期来看一定有利于企业发展。保险公司应建立科技研发的长效机制,一方面,要强化公司科技研发能力,掌握以"我"为主的技术;另一方面,要充分与高科技公司进行合作,利用其科技优势,结合自身需求,将新技术融入风险减量管理各环节中,构建以"我"为主的风险减量管理服务模式。

研究的方向要向基层倾斜。要加大基层调研,从满足客户需求、解决基层问题、促进业务发展的角度,发现问题,依靠科技解决问题。例如,近年来,受全球气候变化影响,由台风、暴雨、洪涝等自然灾害造成的损失严重。尤其是企业供电设备受损和供电系统中断,以及随之发生的生产线被迫停止,导致了许多巨额赔付案件的发生。针对企业的供电系统,如何增强其抵御水灾能力、提高临灾应对能力和加快灾后迅速恢复生产,从而达到风险减量管理的目标,值得深入研究。

要及时总结、推广、应用系统中相对成熟的科技创新经验,从点上的经验形成面上的优势。同时,要配套激励机制,对于贡献出先进经验的单位和个人给予奖励。基于近年不断深入探索,公司在理赔运营指挥平台、InSAR 技术、"天空地"一体化新模式、物联网应用、科技理赔工具等方面已经积累了丰富的经验,建议重点在以上方面加强应用推广。

9.5 汇聚英才,夯实风险减量管理队伍

风险管理专业人才是保险公司开展风险减量工作必不可少的资源。目前,在为客户提供防灾防损服务时,部分机构自身队伍底子薄,依靠经纪公司、公估公司、高等院校、研究所等第三方机构的人员力量过多,尚未形成自己的专业队伍。从长远来看,组建自身的风险管理人才团队,能够积累风险管理经验及数据、提高专业技术服务能力、稳定队伍,为客户提供持续、稳定、高质量、有温度的风险减量管理服务。

保险公司应建立自己的风险管理工程师队伍,对于公司主要业务,应具有较强服务支持能力的总省两级风险管理工程师队伍体系。可以通过培训、考试、评聘等环节认定岗位人员资格,建立专职专岗的风险减量管理人员队伍,渗透到保险业务全流程中开展风险减量管理工作。对拥有风险管理工程师技术资质的人员实行专项管理,按照技术水平,同时结合学历、工作年限等条件认定不同级别,并按照级别给予一定的技能补贴。必要时加强与相关单位沟通,在全社会推进风险管理工程师资质认证,吸纳社会专业人才。应加快工作步伐,配足配强工程师队伍,建立风险管理专家资源库,并在专业人才管理体系建设、项目化管理机制、风险数据库建设、业务技能培训等方面不断总结经验,为公司风险减量管理专业人才队伍建设提供发展指引。

此外,考虑到保险风险减量管理涉及社会经济的方方面面,不可能完全靠自己的队伍解决,需要整合和建立外部专家资源,建立外部风险减量管理专家库,并制定配套政策支持外部专家的聘任和使用。

参 考 文 献

［1］国家科委全国重大自然灾害综合研究组．中国重大自然灾害及减灾对策（分论）［M］．海洋出版社，1993．

［2］国家科学技术委员会．中国科学技术蓝皮书第5号 气候［M］．科学文献出版社，1990．

［3］中华人民共和国水利部．中国98大洪水［M］．水利水电出版社，1999．

［4］国家统计局．中国统计年鉴［M］．2020．

［5］《水利辉煌50年》编纂委员会．水利辉煌50年［M］．中国水利水电出版社，北京：1999年12月．

［6］郭清．遥感新技术的保险应用［J］．金融博览，2016（9）：17-19．

［7］郭清．浅谈财产保险业务质量管理［J］．保险研究，1995（6）：33-34+24．

［8］郭清，胡巍．入世五年后我国保险业发展战略的SWOT分析［J］．保险研究，2007（3）：7-9+12．

［9］郭清，何飞．空间信息技术在农业保险中的应用研究［J］．地理信息世界，2014，21（1）：79-84．

［10］郭清，张俊岭，马鑫．基于物联网的火灾扩散路径研究［C］．2012中国消防协会科学技术年会论文集（上）．2012：232-235．

［11］郭清，何飞．应用遥感技术的农业保险业务模式创新［C］．全面深化改革：战略思考与路径选择——北大赛瑟（CCISSR）论坛文集，2014：453-465．

［12］郭清，何飞，闫超．遥感技术在农房保险业务中的应用［C］．2013中国保险与风险管理国际年会论文集．2013：394-402．

［13］郭清．深港保险ECCRM的创新与合作［J］．中国城市经济，2006

(1): 44-48.

［14］沈体雁，何飞，史雪静，等. IDI风险管理新技术探索——基于InSAR技术的建筑形变风险评估［J］. 上海保险，2019（7）：47-51.

［15］何飞，王平，郭清. 空间信息支持下的农业保险模式创新研究与实践［C］. 2013中国保险与风险管理国际年会论文集. 2013：403-412.

［16］张俊岭，郭清，安平. 灾害风险管理的国际经验与启示——基于管理模式视角［J］. 中国减灾，2013（5）：32-33.

［17］武艳敏，王洪亮. 从救灾到防灾——陈云水旱灾害防治理念及发展［J］. 河南大学学报（社会科学版），2022（3）

［18］戴梦希. 发挥防灾减损作用 农业保险助力守住"粮袋子"［N］. 金融时报，2022-06-29（12）

［19］马向东. 物联网时代下的保险机会［N］. 中国保险报，2017（006）

［20］位铁强. 分类施策 精准发力 筑牢水旱灾害防御坚固防线［J］. 河北水利，2022（4）

［21］阚凤敏. 联合国引领国际减灾三十年：从灾害管理到灾害风险管理（1990—2019年）［J］. 中国减灾，2020（5）

［22］黄晓远，李谢辉. 基于CMIP6的西南暴雨洪涝灾害风险未来预估［J］. 应用气象学报，2022（2）

［23］庄瑶，鲍瑞娟，张容焱，高诗妍，潘航，陈思，林昕. 福建热带气旋灾害精细化危险性评估［J］. 应用气象学报，2022（3）

［24］王军，谭金凯. 气候变化背景下中国沿海地区灾害风险研究与应对思考［J］. 地理科学进展，2021（5）

［25］李霞，李娜，张益宁，李松青. GIS与物联网技术在智慧工地建设中的应用［J］. 测绘与空间地理信息，2021（1）

［26］杨文明. 谈安责险制度推行过程中应处理好的若干关系——基于《安全生产责任保险事故预防技术服务规范》［J］. 安全与健康，2022（2）

［27］欧阳清洋. 湖南："戴帽工程"推进事故预防显成效［J］. 道路交通管理，2021（10）

［28］孙宇星，张豪杰，胡松，潘晓芳，董玉强，翁剑成. 基于动态监管

数据的公路运输车辆安全评价研究［J］．公路，2020（5）

［29］吴祥佑．基于驾驶行为的 UBI 车险定价模型［J］．电子科技大学学报（社科版），2020（4）

［30］陈小妮，郭骁炜．建设交通运输安全生产"两客一危"车辆智能监管平台的探析［J］．公路，2019（8）

［31］王晓峰，祝志杰．车辆安全管理与智能防御驾驶系统应用［J］．公路交通科技（应用技术版），2018（11）

［32］刘志勇，李瑞敏，刘英奇．高速公路车辆典型交通违法行为危险度分级预警方法［J］．交通信息与安全，2017（4）

［33］刘通，付锐，张士伟，邓明阳．车辆典型危险行驶状态识别与检测研究进展［J］．中国安全科学学报，2017（10）

［34］张继权，等．综合自然灾害风险管理［J］．城市与减灾，2005（2）．

［35］陈颙等．自然灾害［M］．北京师范大学出版社，2008．

［36］程晓陶，吴玉成，王艳艳，等．洪水管理新理念与防洪安全保障体系的研究［M］．国水利水电出版社，2004．

［37］李勇杰，王海萍，陈水森．融合 3S 技术的广东农业保险创新发展分析［J］．社会科学家，2013（10）

［38］马文迪，曹伊．江苏省徐州市农业保险创新发展对策［J］．价值工程，2019，38（1）．

［39］祁鑫．遥感技术应用于农业保险业务模式创新［J］．农技服务，2017（14）．

［40］邱智丽．前 NASA 科学家用卫星大数据"耕耘"农业［J］．农业工程技术，2016，36（12）．

［41］陈颙，史培军．自然灾害［M］．北京：北京师范大学出版社，2007．

［42］周武光．中国水灾风险管理研究［D］．北京：北京师范大学博士论文，2000．

［43］姚庆海．关于建立和完善我国洪水保险制度的建议［N］．中国保险报，2007 年 12 月 10 日．

［44］刘彧．美国国家洪水保险计划的评价及启示［D］．对外经济贸易

大学硕士学位论文，2006.

［45］张琳，邵月琴．我国洪水保险设立模式探讨［J］．保险研究，2010（8）．

［46］赵苑达．英美两国的洪水保险制度的对比分析与评价［J］．管理观察，2009（6）．

［47］袁红丽．卫星遥感技术在河南省作物监测上的经济问题研究［J］．农业灾害研究，2016，6（8）．

［48］王浩．保险的风险减量管理模式研究［J］．当代经济，2013（4）．

［49］樊必武．我国住房抵押贷款风险分析与保险设计［D］．湖南大学硕士学位论文，2011.

［50］韩雨霄．我国保险防灾防损问题研究［D］．天津财经大学硕士学位论文，2009.

［51］侯妍珂．保险产品的风险管理问题［N］．中国银行保险报，2012年7月12日．

［52］王雅婷．企业风险管理现状调查与保险公司服务创新［J］．改革与战略，2008（4）．

［53］万金文．保险的防灾防损职能亟待强化［J］．保险研究，2007（10）．

［54］干天全，张有愚．加强防灾防损 促进保险服务——中国人保防灾防损工作点滴［J］．上海保险，2009（11）．

［55］严永成．参与企业防灾防损活动 提高客户服务价值问题［N］．正券日报，2011年6月16日．

［56］李明号．新时期消防与保险合作初探［J］．安防科技，2004（7）．

［57］方莉莉．偿二代对保险业的影响及保险分支机构风险管控策略初探［M］．浙江保险科研成果选编（2015年度）浙江省保险学会专题资料汇编，2016.

［58］张雅丽．美国，日本和英国水灾风险管理的经验借鉴［J］．世界农业，2017（8）．

［59］范加清．保险公司强化防灾防损风险提示工作的思考［J］．保险理论与实践，2017（3）．

［60］如何提供专业的防灾防损建议［N］．证券日报，2008年8月7日．

［61］找准风险源头 倡导绿色治理——部分国家洪涝灾害风险管理经验管窥［J］．吉林劳动保护，2020（8）．

［62］张伟兵．找准风险源头 倡导绿色治理［J］．中国应急管理报，2020（8）．

［63］姜自福．海洋突发环境事件应急管理多元主体参与模式研究［D］．中国海洋大学，2012．

［64］李大鸣，陈海舟，范玉．国内外防洪减灾发展与现状［J］．中国农村水利水电，2005（9）．

［65］钟妍捷．我国洪水保险研究［D］．广西大学，2013．

［66］洪文婷．洪水灾害风险管理制度研究［D］．武汉大学，2012．

［67］王奉安．汛期的主角——暴雨［J］．环境保护与循环经济，2011（7）．

［68］丁玉龙．我国巨灾保险各地试点情况综述［N］．中国银行保险报，2017年9月11日．

［69］周武光，史培军．洪水风险管理研究进展与中国洪水风险管理模式初步探讨［J］．自然灾害学报，1999（11）．

［70］陶正如，李铭家．新西兰地震保险的启示［J］．自然灾害学报，2021（6）．

［71］刘智勇，陈苹，刘文杰．新中国成立以来我国灾害应急管理的发展及其成效［J］．党政研究，2019（1）．

［72］梅锦山．中国防洪规划与建设［J］．中国水利，2010（10）．

［73］于洪蕾，曾坚．比较视野下的我国城市防洪策略提升研究——对美国城市防洪经验的借鉴［J］．规划师，2015（7）．

［74］郭跃．澳大利亚灾害管理的特征及其启示［J］．重庆师范大学学报（自然科学版），2005（12）．

［75］范县位．基于火灾风险评估的仓储企业火灾保险费率浮动研究［D］．沈阳航空工业学院．

［76］沈智伟．大型物流仓库自然排烟优化设计研究［J］．武警学院学

报，2017，33（6）.

［77］王爱玲. 压力容器检修中存在的危险性及其对策［J］. 中国特种设备安全，2006，22（8）.

［78］王比君. 城市老旧建筑抗灾改造的技术探索［J］. 建筑，2014（7）.

［79］杜鹤. 基于非参数方法的火灾公众责任保险定价研究［D］. 中国海洋大学硕士论文，2013.

［80］胡磊. 建立消防与保险良性互动机制提高社会防灾减灾综合能力［J］. 贵阳学院学报（自然科学版），2013，8（3）.

［81］孙鹏. 构建保险与消防良性互动机制探析［J］. 商品与质量，2011（SC）.

［82］蔡灵华. 论消防与保险的关系［C］. 消防科技与经济发展——2014年浙江省消防学术论文优秀奖论文集. 浙江省科学技术协会，2015.

［83］荆涛，万里虹. 中美火灾保险单比较研究［J］. 保险研究，2003（8）.

［84］薛澜，沈华. 五大转变：新时期应急管理体系建设的理念更新［J］. 行政管理改革，2021（7）.

［85］雷晓康. 中国应急管理模式的思想精粹与进路瞻望［J］. 国家治理，2021（19）.

［86］王玉玲. 保险＋科技融入应急管理探析［J］. 中国应急管理，2021（4）.

［87］方冉. 何为保险业数字化注入新动能——访中国金融科技50人青年成员、中国人保财险高级主管周运涛［J］. 中国金融家，2021（5）.

［88］阮晓东. 智慧交通新思维［J］. 新经济导刊，2013（10）.

［89］宋健，王伟玮，李亮等. 汽车安全技术的研究现状和展望［J］. 汽车安全与节能学报，2010（2）.

［90］广东省环境保护厅、中国保险监督管理委员会广东监管局转发环境保护部、中国保险监督管理委员会《关于开展环境污染强制责任保险试点工作的指导意见》的通知，《广东省环境保护厅：中国保险监督管理委员会广东监管局》，2013.

［91］陕西省环境保护厅、中国保险监督管理委员会陕西监管局关于转发

环保部、中国保监会《关于开展环境污染强制责任保险试点工作的指导意见》的通知,《陕西省环境保护厅:中国保险监督管理委员会陕西监管局》, 2013.

[92] 北京市环境保护局、中国保险监督管理委员会北京监管局转发环境保护部、中国保险监督管理委员会《关于开展环境污染强制责任保险试点工作指导意见》的通知,《北京市环境保护局:中国保险监督管理委员会北京监管局》, 2013.

[93] 王荣. 我国强制环境责任保险承保范围法律问题研究[D]. 昆明理工大学硕士论文, 2018.

[94] 环境保护部, 保监会. 关于开展环境污染强制责任保险试点工作的指导意见[J]. 中国环保产业论文, 2013(3).

[95] 廖霞林. 我国自然资源损害民事责任研究[D]. 武汉大学, 2013.

[96] 杨官荣, 陈文. "意外排污"企业可用"保金"赔偿受损者[N]. 昆明日报, 2009年7月23日.

[97] 聂廷勇. 重庆试点环境污染责任保险[N]. 中国环境报, 2013年9月20日.

[98] 周旋. 人保财险承办新疆环责险试点[N]. 中国保险报, 2013年4月10日.

[99] 张欣媛. 我国环境污染责任强制保险制度研究[D]. 中国石油大学(华东), 2017.

[100] 王宝敏. 江苏环境污染责任保险的实践与经验[J]. 金融纵横, 2020(1).

[101] 阳露昭. 环境污染责任保险基本法律问题研究[D]. 中国海洋大学, 2011.

[102] 周红雨, 陈维. 环境污染责任保险制度现状及对策[J]. 中国保险, 2009(3).

[103] 高雁. 我国企业环境责任保险研究[J]. 东方企业文化, 2011(18).

[104] 王玉玲. 绿色保险机制设计与实践经验[J]. 金融纵横, 2020(7).

[105] 董战峰, 璩爱玉, 郝春旭等. 中国土壤修复与治理的投融资政策最

新进展与展望［J］．中国环境管理，2016，8（5）．

［106］赵海鹏，陈小龙，林知炎．我国工程完工后质量责任阶段重构及期限确定［J］．同济大学学报（自然科学版），2007（4）．

［107］王玉玲．责任险推动经济高质量发展［J］．中国金融，2018（13）．

［108］杨曙东，殷乐，葛卫平等．农村社区卫生服务站对高血压患者管理的疗效分析［J］．中国当代医药，2012，19（23）．

［109］陈健旺．新技术在种植险灾害查勘定损中的应用［J］．中国保险，2018（1）．

［110］谢隽．浅论商业健康险服务能力提升与发展方式转变［J］．保险职业学院学报，2011，21（2）．

［111］谢隽．寿险营销与保险消费者权益保护问题研究［J］．保险职业学院学报，2013，27（2）．

［112］黄椿．保险公司理赔服务质量评价指标研究［J］．福建金融，2009（11）．

［113］李金香，温和平，常想德等．基于多光谱遥感的新疆皮山6.5级地震灾情监测与分析［J］．内陆地震，2017，31（1）．

［114］张爽．绿色保险助经济绿色转型［N］．中国保险报，2016年9月2日．

［115］魏成阶，刘亚岚，王世新等．四川汶川大地震震害遥感调查与评估［J］．遥感学报，2008（5）．

［116］胡文．PS－InSAR技术在城市地表沉降监测的应用探索［C］．// 2019年12月建筑科技与管理学术交流会论文集，北京恒盛博雅国际文化交流中心，2019．

［117］白书建．InSAR技术在地铁沿线形变监测中的应用研究［D］．中国地质大学（北京），2017．

［118］罗小军．永久散射体雷达差分干涉理论及在上海地面沉降监测中的应用［D］．西南交通大学，2007．

［119］闫永奇．InSAR技术及其应用介绍［J］．卫星应用，2019（3）．

［120］于艳茹．区域土地生态条件遥感信息提取研究——以京津冀城市

群为例［D］．河北地质大学，2017．

［121］蔡扬．遥感及GIS技术在土地执法中的应用分析［J］．中小企业管理与科技（上旬刊），2018（9）．

［122］康荣华，蒋巍，宋永飞．基于卫星遥感影像的地质环境及灾害类型解译分析［J］．科技资讯，2018，16（28）．

［123］朱茂，沈体雁，吕凤华等．青岛胶州湾跨海大桥InSAR形变数据分解和信息提取［J］．遥感学报，2020，24（7）．

［124］卢建利．枣庄市地面沉陷监测与数据处理［D］．山东科技大学，2019．

［125］师红云．基于时序雷达干涉测量的高速铁路区域沉降变形监测研究［D］．北京交通大学，2013．

［126］王平豪．PS-InSAR在沉降监测中的应用研究——以深圳福田区为例［D］．中国地质大学（北京），2017．

［127］路聚峰．时间序列高分辨率COSMO-SkyMed影像地表形变监测研究［D］．辽宁工程技术大学，2014．

［128］杨魁，闫利，刘俊卫等．基坑环境下建筑物沉降InSAR监测应用［J］．测绘科学，2017，42（10）．

［129］张兆旭．基于PS-InSAR技术的高速铁路沉降监测研究［D］．中国地质大学（北京），2016．

［130］万小莉．星载InSAR技术城市建筑形变监测［J］．建筑结构，2019，49（S2）．

［131］马崇武，刘忠玉，苗天德等．江河水位升降对堤岸边坡稳定性的影响［J］．兰州大学学报，2000（3）．

［132］马翠莲．上海保监局党委书记、局长裴光：实施建设工程质量潜在缺陷保险制度意义重大［N］．上海金融报，2016年11月11日．

［133］代建林，袁勇民，丁连军．卫星遥感技术在IDI保险风控中的应用研究［J］．上海保险，2018（3）．

［134］黄蕾．不断推进保险供给侧改革 上海出台工程质量潜在缺陷险制度［N］．上海证券报，2016年11月8日．

［135］费毕刚，韩鹏飞，朱茂等．基于星载InSAR技术的城市房屋安全风

险识别[J].城市勘测,2021(3).

[136]孙新辉.星云湖地区地表形变的InSAR探测技术应用研究[D].昆明理工大学,2017.

[137]刘淼.地面干涉雷达技术在桥梁动态检测中的应用[D].北京建筑大学,2016.

[138]闫永奇.InSAR技术及其应用介绍[J].卫星应用,2019(3).

[139]周延礼.保险助力建筑工程建设高质量发展[J].上海保险,2019(7).

[140]智能标签RFID革命助力物联网的构建[J].金卡工程,2011(6).

[141]杨烨.现代化标准园智能监测系统配备及空间电场物理增产技术[J].农业工程,2013,3(S2).

[142]沈四林,沈甸.物联网在航运物流和港口中的应用研究[J].航海,2011(5).

[143]殷鹏.物联网技术在弹药集装箱公路运输中的应用[J].国防交通工程与技术,2014,12(4).

[144]任娜.基于物联网的长隧道运营安全监控方案[J].中国新技术新产品,2014(5).

[145]孙耀,赵荣泳.大型民用飞机安全生产综合管理信息化平台的设计[J].机电产品开发与创新,2014,27(4).

[146]王晶晶.基于物联网技术的数据采集系统[J].数字技术与应用,2014(2).

[147]翁迅.物联网在救灾物资调运中的角色和作用[J].中国减灾,2013(19).

[148]刘松,何凯娟,贾磊.大型公众场所火灾风险评估及实例应用研究[J].科技传播,2013,5(20).

[149]吴永诗,言华,张伦.关于电子测量仪器自动化的若干问题[J].电子测量技术,1978(1):7-36.

[150]薛泉林.用微处理器使交换机的控制和电话机的智能化[J].通讯装备,1980(1):119-122.

[151] 吴国芬. 智能化屏幕显示器软件及其开发 [J]. 电力系统自动化, 1982 (2): 10-16.

[152] 卜绮成. 计算机应用学习班和智能化医疗仪器训练班相继开学 [J]. 北京生物医学工程, 1982 (1): 66.

[153] 周宜兴. 数字电压表的智能化与可程控化 [J]. 宇航计测技术, 1983 (1): 57-62.

[154] 赵祖华, 魏发辰. 工程设计的"智能化""生物化"趋势与工科大学生的知识结构 [J]. 自然辩证法通讯, 1983 (6): 68-71.

[155] 胡建华. 电动机调速器智能化 [J]. 微特电机, 1984 (2): 61-62.

[156] 祝德良. 全国家用电器产品智能化预测信息研讨会在北京举行 [J]. 家用电器科技, 1985 (2): 48+36.

[157] 陈树民. 传感器的发展动向及其智能化 [J]. 真空电子技术, 1986 (2): 5-9.

[158] 方. 智能化信息管理系统 [J]. 科技信息, 1987 (2): 17.

[159] 徐兴声. 智能建筑系统集成技术 [J]. 建筑学报, 1992 (6): 54-59.

[160] 许立阳, 承孝敏, 郭强, 叶通, 许浒. 智慧用电概念辨析.《产业科技创新》, 2021 (4): 29-31.

[161] 杨明祥, 蒋云钟, 田雨, 王浩. 智慧水务建设需求探析 [J]. 清华大学学报（自然科学版）, 2014, 54 (1): 133-136+144.

[162] 王连峰, 宋刚, 张楠. "五位一体"智慧城管核心要素与互动关系：基于创新2.0视角的分析 [J]. 城市发展研究, 2017, 24 (3): 67-73.

[163] 刘晓云. 基于智慧城市视角的智慧应急管理系统研究 [J]. 中国科技论坛, 2013 (12): 123-128.

[164] 翟继武, 刘文虎, 付文强, 田嘉菁. 智慧环境监测实验室信息管理系统研究 [J]. 环境科学与管理, 2016, 41 (11): 150-153.

[165] 俞磊. 基于物联网技术的智慧医院架构及服务访问研究 [D]. 合肥工业大学, 2014.

[166] 申悦, 柴彦威, 马修军. 人本导向的智慧社区的概念、模式与架

构[J]. 现代城市研究, 2014 (10): 13-17+24.

[167] 孙韩林, 范九伦, 刘建华, 刘国营, 张高纪. 智慧园区建设探讨[J]. 现代电子技术, 2013, 36 (14): 61-64.

[168] 赵春江. 智慧农业发展现状及战略目标研究[J]. 智慧农业, 2019, 1 (1): 1-7.

[169] 何黎明. 中国智慧物流发展趋势[J]. 中国流通经济, 2017, 31 (6): 3-7.

[170] 李霞, 吴跃明. 物联网+下的智慧工地项目发展探索[J]. 建筑安全, 2017, 32 (2): 35-39.

[171] 冯继强, 徐勇敏. 5G+智慧文旅: 图书馆文旅融合发展的新模式[J]. 图书与情报, 2020 (4): 79-83.

[172] 刘筱璐, 王文青. 美国智慧消防发展现状概述[J]. 科技通报, 2017, 33 (5): 232-235.

[173] 孙秋野, 杨凌霄, 张化光. 智慧能源——人工智能技术在电力系统中的应用与展望[J]. 控制与决策, 2018, 33 (5): 938-949.

[174] 宗平, 朱洪波, 黄刚, 许建真. 智慧校园设计方法的研究[J]. 南京邮电大学学报(自然科学版), 2010, 30 (4): 15-19+51.

[175] Raymond J. Burby. Flood insurance and floodplain management the US experience. [N]. Environmental Hazards, 2001.

[176] SwissRe. Floods - an insurance risk [J]. A market survey, 1998.

[177] FEMA/FIMA. National. Flood Insurance Program - Program Description [N], 2002.

[178] Natural Catastrophes Insurance Cover. Consorcio De Compensacion De Seguros, 2008.

致　　谢

时光如梭，科技部"十三五"重点研发计划（2018YFC1508900）"多灾种综合风险防范服务产品开发与集成平台建设示范"项目即将结题，作为项目成果的《风险减量管理与保险实践》专著即将出版。

本项目主要针对政府灾害救助、灾害保险、社会力量参与综合减灾、公众防灾减灾等业务信息服务技术体系建设需求，研制信息服务集成软件平台。建立全链条、多主体、多灾种综合风险防范信息服务业务模式，提高我国灾害综合风险信息服务的完备性、时效性和科学性。

依据项目实施方案，综合风险防范信息服务选择了广东、贵州、云南三省作为示范区，收集整理示范区灾害保险标的数据以及历史承保、理赔、再保等数据，建立灾害保险应用示范数据集，基于人保财险现有的业务平台搭建示范环境，部署软件平台，开展业务化应用示范和关键技术的测试验证，面向示范区各级灾害保险业务人员及灾害保险参保户提供多渠道的灾害综合风险信息服务。

本书主要围绕"多灾种综合风险防范信息服务集成平台研制与示范"课题，梳理保险风险管控、防灾防损和理赔综合风险信息服务产品需求，构建基于多源大数据的面向保险承保、防灾防损和理赔全流程的综合风险信息服务模式，研制保险核保、防灾防损和核损的综合风险信息服务标准规范，协同国家防灾减灾体系建设，最终实现全社会的风险减量管理。

回顾承担课题的四年，感慨颇多，收获满满。课题研究、专著编写，课题参与人员为此付出了巨大的努力，但客观上讲，课题得以完成是站在前人的肩膀上完成的，尤其是人保财险原灾害研究中心的研究成果，为课题、专著的完成做了大量的铺垫基础，在此，表示特别感谢！专著在编撰中，参阅引用了风险减量研究领域其他专家学者的科技论文和硕博论文，一并表示感谢！

特别感谢科技部对项目的立项支持，得以组织专家团队，使得该难度大、范围广、实操性差的艰巨任务得以全面推进完成。

感谢项目组的全体成员！尤其是项目牵头人国家减灾中心廖永丰研究员，对项目及课题的整体实施给予了全面统筹策划，全程关注指导整个课题的开展，确保了课题的高质量完成。

感谢人保财险广东省分公司、贵州分公司、云南分公司、深圳分公司！在课题开展及应用示范过程中，给与的大力支持。

感谢郭清处长作为科技部"十三五"重点研发计划课题负责人，将相关研究科技成果展现专著，并确定专著的框架、章节、任务分工，进行专著统稿、统筹安排、质量把关，实现出版发行。

感谢专著的主要编写人员：何飞副处长、葛立元高级主管、宁文鑫主管、张磊主管、薛静雅主管、段彦炜主管、刘文超主管、闫超主管；感谢樊治平教授、顾炜宇副教授、侯卉教授、徐仁军教授、李娜主任、李吉平董事长、金陆董事长、盛剑峰董事长、马恒专家、董利锦董事长、孔繁强总经理、许浒副总经理、许立阳经理、雷燕飞总监、鞠文汇博士、郭霁瑶同学等为专著的成书付出辛勤汗水。

感谢王泽温副处长对专著进行审校、调整。

由于种种原因，部分参与人员名字未能在此提及，在此深深地表示感谢！

感谢对专著写作、出版做出贡献的所有人员！

《风险减量管理与保险实践》编委会
2022 年 5 月 16 日